DER POTSDAMER PLATZ
EINE GESCHICHTE IN WORT UND BILD

# Der Potsdamer Platz

## Eine Geschichte in Wort und Bild

Mit Texten von
Horst Mauter, László F. Földényi, Ulrich Pfeiffer und Alfred Kernd'l

NiSHEN

© 1991 Verlag Dirk Nishen GmbH & Co. KG,
Am Tempelhofer Berg 6, 1000 Berlin 61
© 1991 an den Texten bei den Autoren
© 1991 an den Abbildungen bei den Fotografen und Leihgebern
Printed in Germany. Alle Rechte vorbehalten.
Reproduktionen jedweder Art sind verboten.
Lithografie: O.R.T. Kirchner und Graser, Berlin
Satz: FOTOSATZ Joachim Duscha, Berlin
Druck: Felgentreff & Goebel, Berlin
Bindung: Stein, Berlin

Der Verlag dankt allen Beteiligten.


ISBN 3 88940 055 8

# Inhalt

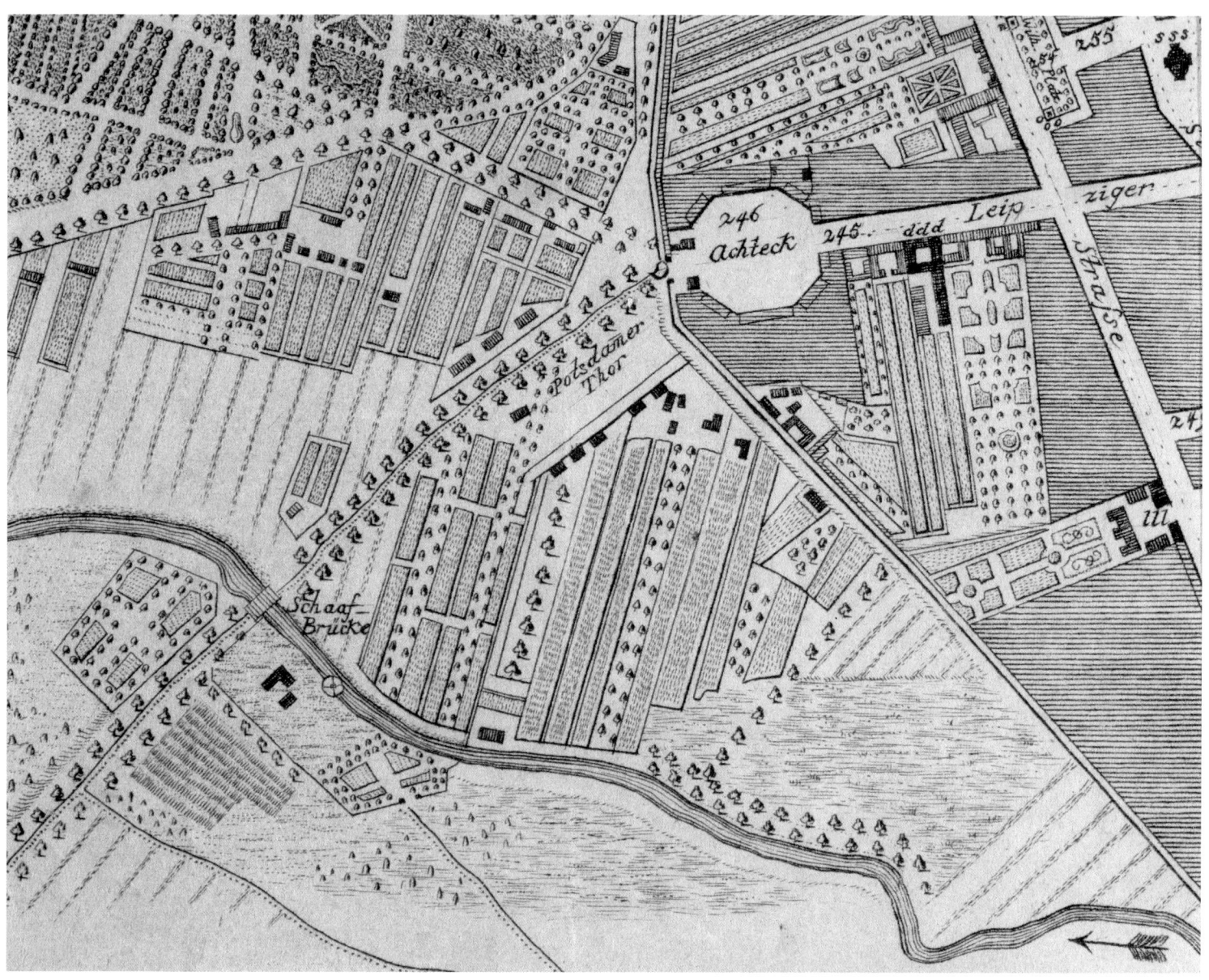

Grundriß der königlichen
Residenzstädte Berlin
Carl Ludwig von Oesfeld, 1778
Die 1737 geschlossene Akzise-
mauer begrenzt auch am

Potsdamer Tor hinter dem
»Achteck« die Stadt. Das
Gelände davor wird überwie-
gend landwirtschaftlich durch
Bauern und Gärtner genutzt.

An der späteren Tiergarten-,
Bellevue- und Hirschelstraße
sowie an der Potsdamer Straße
sind bauern- und sommerhaus-
artige Einzelgebäude inmitten

von Gärten entstanden. Der
spätere Potsdamer Platz ist nur
als Einmündung von fünf
Straßenzügen bzw. Wegen vor
dem Tor erkennbar.

# Matthias Kleinert

# Der Potsdamer Platz, der Fortschritt und die rechtspolitische Provinz

Anmerkungen über Lehrstücke und Analogien

Deutsches Planungs- und Genehmigungsrecht: Von den einen als wesentliche Errungenschaft unserer demokratischen Staatsform gepriesen, für die anderen schlichtweg ein ständiges Ärgernis, das notwendige Infrastrukturmaßnahmen und Investitionen behindert und Deutschland im internationalen Wettbewerb benachteiligt. Tatsache ist jedenfalls, daß wir uns Verfahrenszeiten beschert haben, die weltweit nur noch in Schweden übertroffen werden.

Hierzulande gehen etwa für die Planung von Verkehrsvorhaben im günstigsten Fall sieben Jahre ins Land, bis eine behördliche Entscheidung erlassen wird; Verwaltungsverfahren von zehn oder zwölf Jahren sind keineswegs selten. Daran schließen sich zumeist Klagen vor den Verwaltungsgerichten an. Wird der Rechtsweg ausgeschöpft, sind auch Gerichtsverfahren von sieben bis zehn Jahren nicht unüblich.

Die Erweiterung des Frankfurter Flughafens um die Startbahn West beispielsweise dauerte vom Tag des Antrags auf Genehmigung bis zur Inbetriebnahme mehr als zwanzig Jahre. Der Antrag auf Genehmigung für die Errichtung des Flughafens München II stammt vom August 1969, die Genehmigung wurde 1974 erteilt, der außerdem erforderliche Planfeststellungsbeschluß 1979 erlassen. Erst kürzlich lag die Sache zum zweiten Mal dem Bundesverwaltungsgericht zur Entscheidung vor. Nicht viel anders in Stuttgart: Der Beschluß der Verlängerung und — wohlgemerkt: teilweisen — Verlegung der Start- und Landebahn des Flughafens nahm insgesamt einen Zeitraum von fünfzehn Jahren in Anspruch. Ähnliches gilt für regionale Projekte staatlicher wie privater Natur. Auch für »kleinere« Vorhaben wie Stadtsanierung, Ansiedlung von Industrieunternehmen oder Verbrauchermärkten ist ein Zeitbedarf von fünf Jahren und mehr bis zur Fertigstellung keine Seltenheit.

Da ist es mehr als begrüßenswert, wenn zur Zeit intensiv über die Einführung von Beschleunigungsgesetzen zumindest für Infrastrukturvorhaben im Verkehr diskutiert wird. Die Kritiker solcher Maßnahmen, die den Kern des deutschen Planungs- und Genehmigungsrechts, die objektive Abwägung aller Interessen, bedroht glauben, übersehen allzu leicht, daß es zeitlos richtige Objektivität nicht gibt: Der Wandel von Bedingungen und Umständen erfordert

I

eine ständige Fortentwicklung der jeweils nötigen Abwägung von Rechtsgütern, wirtschaftlichen Belangen, Umwelterfordernissen usw. Das bedeutet, daß eine Bereitschaft zur ständigen rechtspolitischen Weiterentwicklung unabdingbar ist.

So müßte eine solche Betrachtung mittlerweile, soll sie wirklich umfassend und objektiv sein, auch die Kosten berücksichtigen, die dem Projektträger und der Volkswirtschaft insgesamt durch die lange Verfahrensdauer entstehen. Daß eine Verzögerung des Ausbaus der Verkehrsinfrastruktur in den neuen Bundesländern etwa hohe volkswirtschaftliche Kosten nach sich ziehen würde, kann wohl niemand ernsthaft bezweifeln. Der Bundesverkehrsminister hat zu Recht darauf hingewiesen, daß, sobald die Eigentumsfrage geklärt ist und die Verwaltung funktioniert, der Notstand in der Infrastruktur zum größten Investitionshemmnis wird.

Im privaten Sektor ergeben sich ganz ähnliche Probleme. Gerade die antragstellenden Wirtschaftsunternehmen hängen zunehmend davon ab, daß ihre Anlagen rasch genehmigt werden, weil der Zeitfaktor im wirtschaftlichen Wettbewerb immer wichtiger wird: Lag früher im nationalen und internationalen Wettbewerb der entscheidende Anbietervorteil darin, die Herstellungskosten und damit die Preise niedrig zu halten oder Produkte von hoher Qualität zu präsentieren, so ist es heute ebenso wichtig, mit Produkten als erster auf dem Markt zu sein und sich in kürzester Zeit veränderten Absatzmöglichkeiten anzupassen. Wie kann man ein solches »flexible manufacturing« realisieren, wenn die Genehmigung neuer Produktionsstätten jahrelang auf sich warten läßt?

In der Konsequenz müßte jedermann klar sein, daß Industrieunternehmen in steigendem Maße versuchen werden, standortgebundene Vorhaben dort anzusiedeln, wo sie in kürzerer Zeit die erforderlichen Genehmigungen erhalten. Sollten wir hierzulande deshalb im Zeichen der ebenso drängenden

wie riesigen Investitionserfordernisse, die nach seiner Vereinigung in ganz Deutschland entstanden sind, nicht doch zu einer bundesweiten Verkürzung der gesamten Verfahrenszeiten kommen? Anders gesagt: Wer will das vor dem Hintergrund der akuten Not in den neuen Bundesländern verantworten, wenn Produktionsstätten wegen der günstigeren Bedingungen im Ausland errichtet werden?

Es hat eben nur auf den ersten Blick den Anschein, als würden zu lange Genehmigungsverfahren lediglich den Unternehmen schaden. Sie schaden der Volkswirtschaft der Bundesrepublik und damit der Allgemeinheit insgesamt. Dabei ist der Verlust von Arbeitsplätzen in diesem Zusammenhang nur ein Teilaspekt, wenn auch ein immens wichtiger. Letztlich geht es darum, ob sich eine Volkswirtschaft modernisieren kann. Der Staat richtet nämlich an sie die Erwartung, daß sie durch beständige Produktivitätssteigerungen ein gleichbleibend hohes Steueraufkommen generiert. Deshalb ist es eine Frage von durchaus allgemeinem Interesse, was der Preis fehlender Investitionen und verzögerter Infrastrukturmaßnahmen ist.

So ist etwa heute schon abzusehen, daß die unzureichende Kapazität der europäischen Flughäfen für die europäischen Länder ab dem Jahr 2000 ca. 10 Mrd. Dollar jährlich an volkswirtschaftlichen Kosten verursachen wird. Der Kollaps ist, hält man sich die anfangs erwähnten Beispiele, also Genehmigungszeiten von mehr als zwanzig Jahren, vor Augen, bereits heute nicht mehr abwendbar. Ähnliches gilt für Straßen- und Schienenverkehr. Wer der Umwelt zuliebe eine rasche Verlagerung des Güterverkehrs von der Straße auf die Schiene fordert, übersieht zumeist, daß auch dafür ein Ausbau der Infrastruktur notwendig ist. Es müßten nämlich neue Trassen und Umladeterminals gebaut werden, um die heute schon nahezu ausgelasteten Kapazitäten zu erhöhen. Schnelle Lösungen der Verkehrsprobleme sind also nicht in Sicht, wenn alles beim alten bleibt. Und sollte man in der öffentlichen Diskussion nicht auch ernsthaft die Frage erörtern, wer etwa die Kosten, aber auch die Verantwortung für die Verkehrsunfälle trägt, die durch fehlende Infrastrukturmaßnahmen verursacht werden?

Sicherlich gewinnt allmählich die Erkenntnis Raum, daß eine Verkürzung der Genehmigungszeiten zumindest in den neuen Bundesländern dringend erforderlich ist. Aber noch gehen die Einschätzungen auseinander, wo die Ansatzpunkte für eine solche Verkürzung liegen könnten. Angesichts der vielschichtigen Gründe für lange Verfahrensdauern, die in der Verwaltung, aber auch bei den Drittbetroffenen und den Antragstellern selbst liegen, kann das nicht verwundern. Dazu kommen kulturell und historisch bedingte Besonderheiten.

So kann die Bundesrepublik Deutschland für sich den wohl weltweit höchsten Sicherheitsstandard beim Betrieb gefährlicher Anlagen in Anspruch nehmen. Hohe Sicherheitsstandards erfordern jedoch eine hohe gesetzliche Regelungsdichte, die durch den deutschen Hang zur Gründlichkeit noch verstärkt wird. Zur ohnehin großen Zahl von Gesetzen kommt die Qualität des Gesetzgebungsprozesses. Die eifrige Betriebsamkeit der Parlamente und Verwaltungen, die nicht nur stetig neue Gesetze und Verordnungen schaffen, bestehende ändern oder ergänzen, nicht selten zum wiederholten Male, ist schon oft beschrieben worden. Daß unter diesen Umständen weder bei Antragstellern noch bei Behörden und Gerichten Routine, wie sie für eine schnelle Abwicklung notwendig ist, einkehren kann, sollte niemanden verwundern.

Überdies fördern einige historische Erbschaften nicht gerade eine rasche Abwicklung von Planungs- und Genehmigungsverfahren. Traditionell räumt das deutsche Verwaltungsrecht der Zeitdauer von Verwaltungsverfahren einen geringen Stellenwert ein. Als zentraler Rechtswert gilt die materiell richtige Anwendung eines Gesetzes auf den Einzelfall — und das ist weitgehend unabhängig von dem dafür erforderlichen Zeitaufwand. Dieses Leitbild eines materiellen Rechtsstaates, das übrigens dem englischen und amerikanischen Beispiel eines primär verfahrensmäßigen Rechtsstaates entgegengesetzt ist, hat zur Folge, daß weder im allgemeinen Verwaltungsrecht noch in den verwaltungsrechtlichen Spezialgesetzen der Dauer des Gesetzesvollzugs entscheidende Bedeutung beigemessen wird.

Allerdings ist ein Umdenkungsprozeß im Gange. Seit einigen Jahren verlangt das Bundesverfassungsgericht eine »sachangepaßte Beschleunigung« bei der Bearbeitung und Bescheidung von Anträgen, ohne daß allerdings die Gründlichkeit darunter leiden dürfe. Obwohl das zeitliche Kriterium betont wird, steht also Gründlichkeit in der Werteskala weiterhin an oberster Stelle. Im Gesetz der Regelung von Fragen der Gentechnik, das am 1. Juli 1990 in Kraft trat, wurde erstmals ernsthaft versucht, durch Befristung eine Verfahrensbeschleunigung zu erreichen. Sicherlich wird sich auch hier erst heraustellen müssen, inwieweit sich diese Fristen, die im übrigen verlängert werden können, als praktikabel erweisen. Doch ist die Befristung sicherlich ein Schritt in die richtige Richtung.

Dies alles sind dennoch nur Randaspekte. Die ausschlaggebende Ursache für die lange Dauer der Verwaltungs- und Gerichtsverfahren liegt im Widerstand von Teilen der Bevölkerung.

Die Verfahren zur Zulassung technischer Großanlagen, die mit einem Planfeststellungsbeschluß oder einer Genehmigung enden, sehen eine gesetzlich festgeschriebene Beteiligung der Öffentlichkeit vor. Damit sollen zum einen der Genehmigungsbehörde eine möglichst breite Informationsbasis für ihre Entscheidung verschafft, zum anderen die Bürger über das Planungsgeschehen unterrichtet und den Betroffenen Gelegenheit gegeben werden, ihre Belange vor

Erlaß der Entscheidung rechtlich zu Gehör zu bringen. Das Bundesverfassungsgericht hat diesen Verfahrensvorschriften attestiert, daß sie Grundrechte schützen. Solche Beschränkungen im Interesse der Beschleunigung, wie sie momentan für die Verkehrsprojekte in den neuen Bundesländern diskutiert werden, sind daher sicherlich nur in begrenztem Maße möglich. Das enthebt jedoch nicht der Frage, ob die Handhabung der Verfahrensnormen durch Projektgegner in jedem Fall vom grundrechtlichen Schutz umfaßt sein kann. Anders gesagt: Die ohne Zweifel gute Absicht des Gesetzgebers wird in der Praxis nicht gerade selten durch mißbräuchliche Handhabung konterkariert.

Das Anhörungsverfahren, mit dem die Öffentlichkeit beteiligt wird, vollzieht sich in mehreren Teilakten. Es beginnt mit der Auslegung der Unterlagen in den von dem Vorhaben betroffenen Gemeinden für die Dauer eines Monats. Unter Beachtung der Einwendungsfristen kann jedermann, dessen eigene Belange durch das Vorhaben berührt werden, Einwendungen erheben. Den Höhepunkt des Anhörungsverfahrens stellt der Erörterungstermin dar, in dem die Einwendungen mit dem Projektträger, den Behörden, den Betroffenen und sonstigen Einwendern diskutiert werden müssen.

Möglichkeiten des Mißbrauchs beginnen damit, daß die Frist, während derer Einwendungen erfolgen können, grundsätzlich nur eine auf das Verwaltungsverfahren bezogene Ausschlußwirkung hat. Das heißt, daß die geltend gemachten Rechte, obwohl nicht fristgerecht eingebracht, inhaltlich bestehen bleiben. Damit kann die Anhörungsbehörde verspätet erhobene Einwendungen zulassen. Tut sie das nicht, hat der Einwender die Möglichkeit, gegen den ergangenen Verwaltungsakt Klage zu erheben, was zu nicht unerheblichen Verzögerungen führen kann.

In der Praxis werden Verfahrensverzögerungen vor allem dadurch erzielt, daß die Gegner eines Vorhabens erst unmittelbar vor Abschluß des Verfahrens Alternativvorschläge unterbreiten, die nicht ohne weiteres übergangen werden können, sondern eine umfangreiche Untersuchung und Beurteilung erfordern. Bei nahezu gleichwertigen Alternativen ist es etwa erforderlich, die umweltrelevanten Auswirkungen miteinander zu vergleichen. Das kann zu jahrelangen Verzögerungen führen.

Verzögerungen werden auch nicht selten dadurch erreicht, daß Einwendungen nicht schon im Planungs- und Genehmigungsverfahren, sondern erstmalig im Gerichtsprozeß vorgebracht werden. Dazu genügt die Behauptung, die ergangene Verwaltungsentscheidung sei fehlerhaft, da sie die nunmehr vorgebrachten Belange nicht berücksichtigt habe. Möglichkeiten, Verfahren beliebig über Jahre zu verzögern, bieten sich also genug.

Zwar gibt es zum Schutz gegen solche Versuche die sogenannte »materielle Präklusion«, die Dritte daran hindert, ihre Rechte erst im Verwaltungsgerichtsverfahren geltend zu machen, also gegen den bereits erlassenen Verwaltungsakt zu klagen. Allerdings ist das bisher nur im Bundesimmissionsschutz-, im Atom- und neuerdings im Bundesfernstraßengesetz ausdrücklich geregelt. In allen anderen Fällen hilft sich die Rechtsprechung mit einer Entscheidungspraxis, die dem gleichkommen soll: Belange, die von den Betroffenen im Verwaltungsverfahren nicht geltend gemacht wurden, dürfen vor Gericht nicht eingeführt werden, wenn sie sich der Behörde bereits vorher bei der Entscheidungsfindung aufdrängen mußten. Daß eine solche Rechtsprechung für die Verwaltung erhebliche Risiken birgt, liegt auf der Hand, denn über die Frage, welche Belange sich aufdrängen mußten, läßt sich trefflich und lange streiten.

Eine generelle Einführung der materiellen Präklusion hätte deshalb Beschleunigungseffekte, die man nicht unterschätzen sollte. Allzu oft wird nämlich übersehen, daß den Mitwirkungsrechten der Betroffenen grundsätzliche Mitwirkungspflichten gegenüberstehen. Hierzu gehört, daß sich jedermann rechtzeitig darum kümmern muß, seine Belange berücksichtigt und seine Rechte gewahrt zu finden. Im übrigen sollen solche Verwaltungsverfahren einen institutionellen Rahmen für notwendigerweise kommunikative Prozesse gewährleisten. Die materielle Präklusion dient daher in ausgewogener Weise allen Interessenten, denen es um die Sache geht. Eine unzumutbare Beschränkung des Rechtschutzes, wie sie manche Interessenvertreter befürchten, wäre mit einer solchen Regeländerung nicht verbunden.

Ein anderer Grund für die lange Realisierungsdauer von Großprojekten liegt in den Gerichtsverfahren, die sich in aller Regel an die Verwaltungsentscheidung anschließen. Selbst wenn die einzelnen Verfahren drastisch verkürzt würden, hat allein schon die Tatsache, daß überhaupt die Verwaltungsgerichte angerufen werden, eine Verzögerung um mehrere Jahre zur Folge.

Natürlich soll mit dieser Feststellung nicht etwa der Abschaffung des Rechtschutzes das Wort geredet werden. Gelänge es jedoch, Konsens im Vorfeld zu erreichen, könnten langwierige Gerichtsverfahren vermieden werden. Das setzt aber voraus, daß es auch den Projektgegnern um konsensfähige Ziele geht, wie etwa darum, Umweltverbesserungen durch Modifizierung der genehmigten Projekte zu erreichen. Tatsächlich aber geht es häufig in erster Linie darum, die Projekte überhaupt zu verhindern, und das aus Gründen, die oft genug eher individuellen Interessen als der Sorge um das Allgemeinwohl entspringen. Bemühungen um Akzeptanz werden in solchen Fällen ebenso scheitern wie Aufklärungsarbeit oder ein noch so professionell betriebenes Konsensmanagement. Daß derartige Praxis der Kompromißbereitschaft der Antragsteller nicht gerade förderlich ist und letztendlich zu einer Verhärtung der Fronten führt, sollte niemanden erstaunen. Im übrigen stimmt es bedenklich, wenn bereits ein Kläger ausreicht, um Vorhaben auf Jahre hinaus zu blockieren.

Natürlich verzögert die Länge heutiger Gerichtsverfahren nahezu jedes Vorhaben in unerfreulicher Weise. Die Klage darüber ist allerdings nicht gar so neu: Dem Kaiser Maximilian II. wurde 1570 durch Lazarus von Schwendi ein Gutachten erstattet, in dem er dringend anmahnte, die Prozesse am Kammergericht zu beschleunigen, da beim bestehenden Modus der Prozeßerledigung ein unendliches Chaos drohe. Es ist damals nicht eingetreten, jedenfalls nicht überliefert. Doch rechtfertigt das die Annahme, auch heute müsse man nichts unternehmen?

Im heutigen Gerichtsverfahren müssen so vielschichtige Planungsentscheidungen und so umfangreiche Unterlagen berücksicht werden, daß die üblichen Verfahrenslängen scheinbar kaum verwundern können. Doch eben nicht allein der Prüfungsumfang verzögert einen Gerichtsentscheid. Vielmehr erzeugen erst die Verfahrenstaktiken der Kläger und ihrer Prozeßvertreter endlose Prozesse. Es dient nicht dem Rechtsfrieden, wenn Klagebegründungen etwa erst Jahre nach Klageerhebung eingereicht werden. Berücksichtigt man noch die starke Belastung der Gerichte, wird verständlich, warum solche Praktiken willkommener Anlaß sind, von einer alsbaldigen Terminierung abzusehen.

Der Gesetzgeber hat versucht, mit der Änderung der Verwaltungsgerichtsordnung, die zum 1. Januar 1991 in Kraft getreten ist, derartigen Verzögerungsversuchen einen Riegel vorzuschieben. Ob allerdings das mit heißer Nadel gestrickte Änderungsgesetz mit seiner Fülle von teilweise unklar gefaßten Detailregelungen diesem Anliegen gerecht wird, bleibt abzuwarten.

Natürlich gibt es auch Probleme mit der Auslegung von Gesetzen bei hochkomplexen Sachverhalten. Bei Großvorhaben etwa spielt der einstweilige

Rechtschutz, der auch im Mittelpunkt der gerade diskutierten »Beschleunigungsgesetze« steht, eine besondere Rolle. Genehmigungen und Planfeststellungsbeschlüsse werden in der Regel von den Genehmigungsbehörden für sofort vollziehbar erklärt. Der Vorhabenträger kann sofort mit der Realisierung seines Projekts beginnen, selbst wenn Klage erhoben wurde. Trotzdem darf auch die Garantie von Rechtschutz nicht durch zeitlichen Ablauf ausgehöhlt werden. Gerichtsentscheidungen, die vollendete Tatsachen, etwa errichtete und betriebene Anlagen, nicht mehr korrigieren können, stünden im Widerspruch zum grundrechtlich gesicherten Anspruch auf rechtliches Gehör. Deswegen können Drittbetroffene bei den Verwaltungsgerichten den Antrag stellen, die aufschiebende Wirkung ihres Rechtsbehelfs wieder herzustellen. Gibt das Gericht dem Antrag statt, darf der Vorhabenträger bis zum Abschluß des Hauptverfahrens von seiner Genehmigung keinen Gebrauch machen.

So weit, so gut. Bedenklich wird diese Regelung, wenn der solcherart vom Gesetzgeber angestrebte umfassende Rechtschutz überwiegend als Rechtschutz zugunsten des Drittbetroffenen verstanden wird. Dies ist in den letzten Jahren zunehmend geschehen. In der Konsequenz wandelt sich dadurch effektiver Rechtschutz in einseitige Verhinderungsrechte, so daß das Rechtschutzinteresse des Projektträgers unberücksichtigt bleibt. Nach meiner Auffassung bedeutet dies eine Praxis mit zweierlei Maß, die rechtspolitisch unakzeptabel ist: Derjenige, der bauen oder ein Projekt verwirklichen will, muß als genauso schutzwürdig gelten wie der, der ein Vorhaben verhindern möchte. Beide müssen sich in gleicher Weise auf eine faktisch abgesicherte grundrechtliche Freiheitsposition berufen können. Genau davon aber kann bei einer derartigen Praxis keine Rede sein. Es darf keiner besonderen Legitimation bedürfen, seine Frei-

heitsrechte auszuüben — und dazu gehören eben auch die Bau- und Gewerbefreiheit.

Man sieht: Ansatzpunkte für Verfahrensbeschleunigungen gibt es zuhauf, damit Grundrechtsgüter in vernünftiger und ausgewogener Weise zur Geltung gelangen können. Auch optimale Fortschritte beim Umweltschutz hängen davon entscheidend ab. Den gesetzes- und rechtstechnisch richtigen Einsatz der vorhandenen Instrumente muß man eben nur suchen und nutzen wollen.

Dabei ist es durchaus begrüßenswert, daß man sich darum bemüht, Verfahren zu verkürzen. Völlig unverständlich sind dagegen Argumente, die darauf hinauslaufen, solche Regelungen zeitlich und regional zu beschränken. Selbst wenn man sich auf den Standpunkt stellt, der Umwelt müsse durch Blockadetaktiken geholfen werden: Heute trifft dieses Argument mit Sicherheit nicht mehr zu, weil der Fortschritt der Technik, der Wandel des Wertbewußtseins und nicht zuletzt der Zwang des Wettbewerbs die ständige Verbesserung des Wirtschaftens hin zu umweltverträglichen Strukturen zu einer konstanten Nebenbedingung der wirtschaftlichen Entwicklung machen. Auf einer zunehmenden Zahl von Gebieten hängen größere Fortschritte für die Umwelt von durchgreifenden Modernisierungen ab, die allerdings oft großtechnische Investitionen voraussetzen. Der damit erreichbare zusätzliche Nutzen für Umwelt und Gesundheit muß mit anderen Gütern abgewogen werden. Dabei sollte es sich von selbst verstehen, daß das Rechtssystem dieses neue Abwägen erleichtern, zumindest ermöglichen muß, keinesfalls erschweren darf. Deshalb müssen bestehende Mißstände ernsthaft abgebaut und nicht nur Sonntagsreden gehalten werden, denn damit lassen sich die Infrastrukturprobleme der Zukunft nicht meistern. Die Gelegenheit scheint günstig, heute eine Gesetzesänderung aus einem Guß für Deutschland zu schaffen. Von Stückwerk haben wir bereits genug.

# Horst Mauter

# Der Potsdamer Platz im Wandel der Zeiten

Plätze, Alleen, Straßen und Gassen einer Stadt, so sagt man, können mit den Falten und Runzeln im Angesicht des Menschen verglichen werden. Wie diese dem Antlitz verleihen jene der Stadt das Flair, den ganz bestimmten Ausdruck, ihre unverwechselbaren Eigenheiten. Sich fortwährend verändernd, prägen sie den Charakter einer Stadt; sie bewirken, daß sich diese in unserem Bewußtsein als schön und bemerkenswert einprägt oder als unscheinbar schnell dem Vergessen anheim fällt.

Auffällig ist, daß wir Städte besonders stark mit ihren Plätzen identifizieren, wir erkennen sie, sobald uns deren Namen genannt werden: Place de la Concorde, Forum Romanum, Wenzelsplatz, Stachus, Roter Platz, Platz des Himmlischen Friedens – muß da der Name der Stadt noch erwähnt werden?

In dieser Aufzählung fehlt der Potsdamer Platz. Mit diesem ehemals bekanntesten aller Berliner Plätze, über den dieses Buch berichten will, hat es seine besondere Bewandtnis. Die Geschichte hat ihm übel mitgespielt. So übel, daß ihn manch Älterer fast vergessen hat; und viele der Jüngeren wissen nicht einmal, wo genau er einst lag. Alle die oben erwähnten Plätze haben ihre Schicksale, von denen zu berichten interessant wäre; manche von ihnen erlebten auch ihre Katastrophen, aber alle blieben immer Plätze ihrer Stadt. Die deutsche Geschichte jedoch hat den Potsdamer Platz während der letzten Jahrzehnte in eine Art Koma getrieben.

Der Potsdamer Platz trat erst in das Dasein Berlins nach einem halben Jahrtausend Geschichte. Seine zuerst zögernde Entwicklung nahm nach einhundert Jahren einen sprunghaften Verlauf: Er war bald in aller Munde, denn innerhalb weniger Jahrzehnte hatte er sich vom Randplatz der königlichen Residenz zu einem der zentralen Plätze Berlins, das so schnell Weltstadt geworden war, gemausert. Die Vielfalt der Funktionen und das pulsierende Leben beeindruckte seine Chronisten derart, daß sie ihn pathetisch zum »verkehrsreichsten Platz Europas« (1935) kürten. Politiker, Künstler, Globetrotter von überall her und natürlich die Berliner selbst schwärmten von ihm, der so ganz wild, aus sich selbst heraus und in so kurzer Zeit gewachsen war, ohne die planende Akkuratesse von Architekten und Stadtplanern, wie sein Nachbar der Leipziger Platz, mit dem er später zusammenwuchs.

Dann war es, als müßte dieser weltbekannte Platz die ganze Schuld einer verfehlten Politik jenes nationalsozialistischen deutschen Staates, der die Welt mit dem schrecklichsten aller Kriege überzogen hatte, allein auf sich nehmen: In mehreren

*Die Schafbrücke vor dem
Potsdamer Tor. Rechts die
Baumbepflanzung der Pots-
damer Straße aus der Zeit
Friedrichs II.
Christian Gottfried Mathes,
Radierung, 1775*

Bombennächten und in wenigen Kampftagen versank er in ein unübersehbares Meer von Trümmern, das die Überlebenden erschütterte. Für den Potsdamer Platz gab es kein Auferstehen aus den Ruinen, er wurde eingeebnet, seiner Konturen beraubt, einbezogen in die Einöde jener viele hundert Kilometer langen Grenze, die zwei politische Systeme, zwei Welten, »Ost und West«, »Kapitalismus und Sozialismus«, »Gut und Böse« – oder »Böse und Gut«? – voneinander schied. War dies das Ende des Platzes, der einst im Munde jedes Berlinenthusiasten war? Fast dreißig Jahre lang schien es so.

Doch die Geschichte nahm ihren Lauf; die unseren Platz trennende fünf Meter hohe Betonmauer, die Barriere zwischen zwei Welten, für manch einen zwischen Leben und Tod, war nach einem Aufbruch der Eingesperrten, nach der »unblutigen Revolution« des Jahres 1989 plötzlich gegenstandslos, ohne Sinn und ohne Zweck. Tag und Nacht hämmerten nun tausend »Mauerspechte« mit Schlegel und Meißel Andenken aus diesem Monument heraus, auch da, wo einst der Potsdamer Platz war, und was noch ansehnlich blieb, wird als Souvenir tonnenweise und weltweit vermarktet.

Die Politiker in Ost und West, die Architekten und Stadtplaner, die Berliner und viele andere sind sich einig: der traditionsreiche Potsdamer Platz darf nicht für immer gestorben sein. Er wird aufgespürt werden in der Wüste des unscheinbaren Niemandslandes der Historie. Er wird neu entstehen wie einst Phönix aus der Asche und an seine interessante Vergangenheit erinnern. Dann wird er sein, was er vor seinem tragischen Untergang war: eine Synthese zwischen Altem und Neuem, ein Bindeglied zwischen den Teilen einer großen pulsierenden Stadt, wieder im Munde der Menschen aus Berlin, aus Deutschland und aller Welt.

## OHNE BESONDERE KENNZEICHEN

Der Dreißigjährige Krieg (1618 bis 1648) hatte die kurfürstliche Residenz Berlin / Cölln und die übrigen Städte und Dörfer der Kurmark Brandenburg in traurigen Verhältnissen hinterlassen. Mehrere Jahrzehnte angestrengter Aufbauarbeit waren nötig, um die Kriegsfolgen zu überwinden. Erst um 1680 setzte die Phase eines allmählichen Aufschwungs ein, die in der Entwicklung Berlins und Cöllns, der Residenzstädte des brandenburg-preußischen Kurfürsten Friedrich Wilhelm (1640-1688) wohl am ehesten und deutlichsten sichtbar wurde. Mit immensem Aufwand betrieb man seit dem Jahre 1658 unter Einbeziehung des Friedrichswerder ihre Umwandlung in eine Festung nach niederländischem Vorbild. Bald jedoch reichte der Platz innerhalb der Gräben und Wälle für die vielen neu Hinzuziehenden nicht mehr aus. Ab 1674, noch bevor die Bauarbeiten an der Festung beendet waren, wuchs westlich vor ihren Anlagen die Dorotheenstadt. Nach dem Massenzuzug der hugenottischen Religionsflüchtlinge seit 1685 entstand vom Jahre 1688 an eine weitere Stadt westlich der Festung, die entsprechend dem Namen des neuen Kurfürsten, der seinem verstorbenen Vater als Herrscher gefolgt war, als Friedrichstadt bezeichnet wurde.

Die erste kartographische Erfassung von Berlin und seiner Umgebung durch den Ingenieur N. la Vigne aus dem Jahre 1685 vergegenwärtigt uns die Situation des Geländes südlich des Tiergartens, auf dem später der Potsdamer Platz entstand. Als Hauptachse in diesem Gelände ist jener unbefestigte, sandige Landweg anzusehen, der über die schon im Mittelalter erwähnte Schafbrücke führte und der Verbindung mit dem Dorfe Schöneberg diente – die spätere Potsdamer Straße. Diese Trasse wählte der Kurfürst als bevorzugten Weg nach Potsdam, wo er sich seit 1660 von Johann Gregor Memhard den verfallenen Schloßbesitz nach niederländischem Vorbild repräsentativ ausbauen ließ.

Die Potsdamer Straße hatte auch einen Abzweig nach Leipzig, und so gestaltete sie sich bald zu einer ökonomisch wie politisch gleich wichtigen Fernverbindung. Bereits 1690 wurde eine »Postkutsche nach Leipzig« erwähnt, die diesen Weg nahm; und ein Dutzend Jahre später sorgten die »reitende Post«, die »fahrende Post« und die »Postkutsche« in jeder Woche für die mehrmalige Verbindung zwischen beiden Städten – wenn nicht im Frühjahr größere Überschwemmungen die Passage des Schafgrabens (später Landwehrkanal) für längere Zeit verhinderten. Die Karte von la Vigne zeigt uns, daß der von der Potsdamer Straße geschnittene Schafgraben beiderseits durch großflächige Wiesen flankiert wurde. Ihre Nutzung als Schafweide hat ihm sicher den Namen gegeben.

Ein wichtiges Terrain, das später die Bedeutung des Potsdamer Platzes heben sollte, machte in diesen Jahrzehnten eine weitreichende Veränderung durch. Ein gut Teil Weges nordöstlich der alten Schafbrücke zweigte ein in Richtung Nordwesten laufender Weg von der Potsdamer Landstraße ab. Er führte zu dem schon im 15. Jahrhundert entstandenen kurfürstlichen Tiergarten, der das gesamte Gebiet zwischen Berlin/Cölln und dem Dorf Lietzow (auch Lützow, später Charlottenburg) einnahm und dessen südliche Einzäunung entlang der Schafgrabenwiese führte. Kurfürst Friedrich Wilhelm hatte das während des großen Krieges verwilderte und entwildete Revier mit einem dichten Zaun umgeben lassen. Aus mehreren Wildgebieten wurden die Bestände des Tiergartens aufgestockt, so daß er nach einiger Zeit wieder zu einem wildreichen Jagdgebiet umgestaltet war.

Eine größere Bedeutung erlangte das gesamte Gebiet, seit Kurfürstin Charlotte im Jahre 1695 die ersten Arbeiten zur Errichtung jener prachtvollen Schloßanlage beginnen ließ, die nach dem Tode der ersten preußischen Königin im Jahre 1705 ihr zu Ehren Charlottenburg genannt wurde. Eine neue Phase des Ausbaus im Tiergartengelände verfolgte das Ziel seiner Entwässerung und seiner wegemäßigen Erschließung. Die Verbindungen zwischen Berlin und dem neuen Schloß bei Lietzow wurden stark verbessert. Erste Versuche der repräsentativen, zum Teil parkartigen Gestaltung der Anlage gehen ebenfalls bis in diese Zeit zurück. Das kurfürstliche Jagdrevier, das mit Mühe wieder aufgebaute Wildgatter, erfuhr so seine erste Metamorphose – die zum königlichen Lustwald, in dem sich die ganze bunt-vornehme Schar des Hof- und übrigen Adels vergnügte.

Schon jetzt hatte der Tiergarten von Süden her über den ihn entlang der Schafgrabenwiesen flankierenden Weg (später Tiergartenstraße) mehrere Zugänge. Je mehr der Tiergarten in das Blickfeld der Öffentlichkeit geriet, umso öfter wurden sie als Zu- und Abgang benutzt. Hier gab es schon zu dieser Zeit die ersten wichtigen Siedlungsaktivitäten in unmittelbarer Nähe jenes Geländes, auf dem später der Potsdamer Platz entstand. Mehrere eingewanderte französische Gärtner siedelten sich an diesem Randweg an und ließen aus grünen Wiesen und sandigen Flächen blühende Gärten und bestellte Felder entstehen. Inzwischen war es nicht nur für adlige Bewohner Berlins, sondern auch für viele Bürger der Stadt in Mode gekommen, in den schönen Jahreszeiten die grüne Umgebung zu suchen oder an Sonn- und Feiertagen durch den erholsamen Tiergarten zu wandern. Die französischen Kolonisten waren froh über jeden Zuverdienst, vermieteten in ihren Häuschen Sommerwohnungen und bewirteten Einmieter und Spaziergänger mit Kaffee, anderen Getränken und einfachen Speisen.

*Das Leipziger Thor.* *La porte de Leipsic.*

Das alte Potsdamer Tor mit Militärwache (rechts) und Zollwache (links). Neben dem rechten Torpfeiler erkennt man die bis 1737 vollendete Akzisemauer, die Zollvergehen und Desertion von Soldaten verhindern helfen sollte. Sie trennte den Leipziger vom Potsdamer Platz.
*Friedrich August Calau, Aquatinta, um 1820*

## Von den bescheidenen Anfängen

Das feudalabsolutistische Herrschaftssystem setzte sich während des frühen 18. Jahrhunderts im zusammenwachsenden preußischen Staat vollends durch. Damit hob sich die Bedeutung der Residenzstädte an der Spree. Wichtige Ereignisse lenkten damals die internationale Aufmerksamkeit auf Deutschland. Nachdem der große Konkurrent Friedrichs III., August der Starke (1694-1733), durch Personalunion dem sächsischen Kurfürstentitel noch den polnischen Königstitel hinzugefügt hatte (1697), strebte auch der preußische Kurfürst eine Rangerhöhung an. Nach langwierigen Verhandlungen mit dem deutschen Kaiser setzte er sich am 18. Januar 1701 fernab von Berlin, im preußischen Königsberg, selbst die Krone aufs Haupt und durfte sich nun König in Preußen nennen. Durch ein aufwendiges und kostspieliges Hofleben versuchte der König, die Rangerhöhung prunkvoll nach innen und außen zu demonstrieren. Die Residenzstädte Berlin, Cölln, Friedrichswerder, Dorotheenstadt und Friedrichstadt wurden 1709/10 unter Einschluß einiger Vorstädte zur vereinten Residenz Berlin zusammengeschlossen. Sie wurde von den preußischen Königen gegenüber den anderen Städten des Staates in allen Belangen bevorzugt, auch was die Entwicklung von Städtebau und Architektur anbetraf. So entwickelte sie sich zum administrativen, wirtschaftlichen und kulturellen Mittelpunkt des feudalabsolutistischen Staatswesens und wuchs von Jahrzehnt zu Jahrzehnt.

Friedrich Wilhelm I. (1713-1740), bekannt als der »Soldatenkönig«, entwickelte die Stadt zur größten Garnison des Staates. Aber er stabilisierte auch die ökonomischen Grundlagen und führte den Ausbau der Residenz planvoll weiter. Als 1732 die letzten 400 Parzellen der Friedrichstadt bis zur Mauerstraße bebaut waren, wurde unter Leitung des Obersten Christian Reinhold von Derschau (1679-1742) und des Baumeisters Philipp Gerlach d. J. (1679-1748) die schon seit 1723 geplante Erweiterung in Richtung Süden und Westen durchgesetzt. Das in der ersten Bauphase der Friedrichstadt im Sinne typischer Vorstellungen des barocken Städtebaus entstandene geometrische Straßenraster wurde durch eine großzügige Einfassung abgeschlossen, deren Hauptachse die Wilhelmstraße mit tiefen Gartengrundstücken auf der Westseite bildete. Eine Besonderheit des barocken Städtebaus war die Anlage von drei großflächigen Stadtrandplätzen jeweils am Ende von Hauptstraßenzügen. So entstand im Norden des »Quarree« (später Pariser Platz) am Ausgang der Straße Unter den Linden, im Süden das »Rondell« (heute Mehringplatz) unterhalb des Treffpunktes von Friedrich-, Linden- und Wilhelmstraße und in der Mitte das »Octogon« (später Leipziger Platz) am Ende der Leipziger Straße. Diese Plätze sollten den Soldaten der in den Bürgerhäusern einquartierten Regimenter als Appell- und Exerzierplätze dienen und außerdem einen Teil des Marktlebens aus der Innenstadt abziehen. Das zuletzt erwähnte Vorhaben konnte, was das Octogon anbetrifft, nicht verwirklicht werden.

Für uns von Interesse ist die Bebauung der Wilhelmstraße. In ihrem südlichen Teil begnügte man sich mit einer reihenhausartigen meist zweistöckigen Bebauung, die zwar gefällige, aber sparsam gestaltete Fassaden zeigte. Nördlich der Kochstraße entstand andererseits von 1734 bis 1736 eine Anzahl von Adelspalästen, die architektonische Meisterleistungen jener Zeit waren. Die Mehrzahl von ihnen zeugte noch bis zu ihrer Vernichtung im Zweiten Weltkrieg von reifer barocker Architekturkunst. Die Entwürfe stammten von einigen der besten Baumeister der ersten Hälfte des 18. Jahrhunderts, so zum Beispiel von Jean de Bodt (1670-1745), Friedrich Wilhelm Dieterichs (1702-1782),

Konrad Wiesend und Philipp Gerlach d. J. (1679-1748). Besonders bemerkenswert waren hier die Palais des Barons von Vernezobre, des Grafen von der Schulenburg, der gräflich Beeßische Palast für den Geheimen Rat Kellner, der Palast des Herzogs Friedrich von Braunschweig, die Palais des Grafen von Schwerin und des Präsidenten von Görne, der gräflich Finckensteinsche Palast und der Palast des Johanniterordensmeisters.

Auch am Ende der Leipziger Straße und am »Octogon« entstanden städtebaulich harmonisch abgestimmte zweistöckige Bauwerke, die zum Teil in engerer Bebauung, zum anderen jedoch auch palastartig gestaltet wurden. Die Häufung der Adelspalais gab diesem Bereich der Stadt schon in der Frühzeit der Entstehung das Gepräge feudaler Vornehmheit, und die Besitzer dieser Paläste waren nicht nur gewohnt, am Hofe zu schwadronieren, sondern größtenteils direkt als hohe Staatsbeamte und als Generäle in die Führung der Regierungsgeschäfte mit einbezogen.

Die Bebauung der erweiterten Friedrichstadt mit nahezu 1000 Wohnhäusern konnte im wesentlichen schon nach vier Jahren abgeschlossen werden, denn der König unterstützte sie mit hohen finanziellen und materiellen Mitteln. Doch so, wie er alle jene Adlige und Bürger in jeder Beziehung bevorzugte, wenn sie hier auf eigene Kosten bauten, setzte er andererseits seine administrative Macht rigoros zur Erreichung seiner Ziele ein. Die Handwerksinnungen der Stadt wurden gezwungen, Gewerkshäuser in der Friedrichstadt zu errichten, selbst wenn sie meinten, kein neues nötig zu haben. Der Baron Vernezobre konnte eine vom König erwünschte Verheiratung seiner Tochter nur verhindern, indem er auf eigene Kosten sein prunkvolles Palais in der Wilhelmstraße errichten ließ. So wurden Gewerke und Privatleute oft in hohe Schulden gestürzt und manche sogar dem finanziellen Ruin nahegebracht.

Im Anschluß an die Erbauung der Friedrichstadt wurde die gesamte, in den letzten Jahren schnell gewachsene Stadt mit einer über acht Kilometer langen Palisade bzw. Mauer umgeben, die durch dreizehn Tore passierbar war. Das Mauer- und Torsystem diente einerseits der Verhinderung von Zolldefraudationen. Außerdem sollte es die Massencharakter annehmenden Desertionen von Soldaten der Berliner Garnison erschweren. Alle diese Tore hatten darum eine Akziseeinnahmestelle und eine ständig besetzte Militärwache.

Das »Octogon«, am Ausgange aus der Stadt auf der stark frequentierten Leipziger bzw. Potsdamer Straße gelegen, erhielt 1735 eins dieser Tore — das Potsdamer. Es trat unter den meist einfach gehaltenen übrigen Pfeilerbauten durch seine architektonische Durchgestaltung und seinen reichhaltigen Schmuck besonders hervor — wie übrigens auch das Brandenburger Tor in seiner frühen Fassung. Zeitgenössische Pläne zeigen deutlich, daß sich auch hinter dem Pfeilerbau des Potsdamer Platzes je ein Akzise- und ein Wachthaus befanden.

Das Vordringen der Friedrichstadt hatte nun jene Linie erreicht, an der vor dem Tor nun der Potsdamer Platz entstand. Während das als Hauptplatz des barocken Bauensembles konzipierte »Octogon« innerhalb der Mauer von den Architekten sinngemäß auf dem Reißbrett projektiert worden ist, entwickelte sich der Platz außerhalb der Toranlage entsprechend bestimmter funktioneller Anforderungen ungeplant, sozusagen aus »wilder Wurzel«.

Im Grunde genommen ergab sich diese neue Platzanlage aus der Tatsache, daß mehrere Straßen bzw. Wege aus verschiedenen Richtungen auf das Potsdamer Tor zuliefen. Die wichtigste von ihnen war nach wie vor die nach Potsdam führende, auf der sich der Verkehr immer mehr verstärkte. Als Verkehrsader nach Sachsen nahm sie ebenfalls eine dominierende Stelle ein. Der schnelle Ausbau der

*Berlin-Panorama. Die nach der ersten Ausbauphase der Friedrichstadt bis um 1720 errichtete Holzpalisade steht im Verlauf der Mauerstraße. Links am Bildrand sieht man die zum Zentrum führende Straße Unter den Linden. Diesseits des Festungsgrabens rechts neben dem alten Leipziger Tor (14) verläuft die Leipziger Straße. Friedrich Bernhard Werner, Kupferstich, um 1720*

Stadt unter dem Soldatenkönig – 1713 gab es da 220 Gebäude, 1740 aber schon 1154 – hatte nicht nur militärische Ursachen. Der gewerbliche Aufschwung verstärkte ebenso den Reiseverkehr wie der Umstand, daß vor allem Friedrich II. (1740-1786) seinen Staat über längere Zeiträume hinweg von Potsdam aus regierte, was dessen politische und kulturelle Bedeutung erhöhte. Kaleschen des Hofes, verschiedener Adliger, hoher Beamter und Offiziere waren den Bewohnern der an dieser Straße liegenden Dörfer bald nichts Besonderes mehr.

Die Bedeutung der Potsdamer Straße wurde aber auch durch lokale Gründe noch gehoben. Von ihnen fiel vor allem die schnellere Entwicklung Schö-

nebergs ins Gewicht. Nach den bedeutenden Verwüstungen im Dreißigjährigen Krieg neu besiedelt, wurde es unter Friedrich II. im Rahmen der gewerblichen Siedlungspolitik als Ansatzpunkt für die Besetzung mit zwanzig böhmischen Weber- und Spinnerfamilien gewählt. Die Ansiedlung erfolgte für die Kolonisten zu günstigen Bedingungen nördlich Schönebergs zu beiden Seiten der Potsdamer Straße auf dem »wüsten Sandberg«. Dieses »selbständige Dorf« war verwaltungsmäßig eng an das Amt Mühlenhof in Berlin und an den Magistrat dieser Stadt angebunden, und Berliner Kaufleute organisierten die Arbeit und den Absatz der Waren. Außerdem behielten die Böhmer enge Bindungen zu ihrer Gemeinde in der Friedrichstadt, hatten mit dieser Pfarre und Schule gemeinsam. So war es kein Wunder, daß die Potsdamer Straße für sie eine oft benutzte Lebensader war.

Neben der böhmischen Siedlungsgemeinde in Richtung Berlin lag der Botanische Garten. Dieser nahm in der Regierungszeit Friedrichs II. unter dem von ihm eingesetzten Johann Gottlieb Gleditsch (1714-1786), der durch bedeutende wissenschaftliche Erfolge auf dem Gebiete der Forst- und Landwirtschaft hervortrat, zuerst einen großen Aufschwung. Dieses Kleinod zog botanisch Interessierte aus vielen Ländern an.

Schon die Zeitgenossen haben die steigende Bedeutung der vom Potsdamer Tor ausgehenden Straße nach Potsdam erkannt. Als man in Preußen das Straßensystem durch die Anlage befestigter »Chausseen« zu verbessern begann, war sie die erste, die unter der Leitung von Carl Gotthard Langhans (1732-1808), dem Schöpfer des Brandenburger Tores, von 1791 bis 1793 »chaussiert« wurde. Auch die Brücke über den Schafgraben, die spätere Potsdamer Brücke, wurde im Zusammenhang mit diesen Arbeiten neu erbaut, wenn auch noch als hölzerne Konstruktion.

Von großem Einfluß auf die Entstehung des Potsdamer Platzes war auch jener Weg, der die Verbindung zwischen dem Potsdamer Tor und den Anwesen der Hugenotten am südlichen Tiergartenrand herstellte. Am Ende dieses Weges entstand aus einem 1716 angelegten Ackerbürgergehöft noch vor 1750 der Sitz des »Hofjägers«, der für das Tiergartengelände zuständig war. Nach 1770 errichtete der Gastwirt Hahn hier ein Ausflugslokal, das wegen seiner romantischen Lage im Tiergarteneck am Schafgraben der beliebteste Vergnügungsort der Ausflügler und Spaziergänger wurde. Der Hof soll hier häufiger eingekehrt sein als andernorts.

Der Tiergarten war ohnehin noch stärker zu einem von vielen Berliner Bürgern besuchten Flanier- und Vergnügungspark geworden. Hans Georg Wenzeslaus von Knobelsdorff (1699-1753) hatte sich seit 1742 oft um seine Verschönerung bemüht. Nach seinen Vorstellungen war er von Sternanlagen und durchgehenden Alleen durchzogen worden. An mehreren Stellen ließ er ihn nach französischen Vorbildern parkartig umgestalten und durch unergründliche Labyrinthe und wohlgeformte Bassins bereichern. In diesem Zusammenhang wurde auch die Allee vom Brandenburger Tor nach Charlottenburg begradigt und befestigt.

Der Weg vom Potsdamer Platz zum südlichen Tiergartenrandweg wurde bis an diese Allee herangeführt und war nun die wichtigste Verbindungsstraße zwischen Charlottenburg und dem südlichen Teil Berlins über das Potsdamer Tor. Im nördlichen Teil des Parkes, direkt an der Spree, hatte Knobelsdorff 1743 eine Meierei anlegen und sich ein Landhaus errichten lassen. Nach seinem Tode wechselte dieses Besitztum mehrmals, bis der jüngste Bruder Friedrichs II., Prinz August Ferdinand (1730-1813), sich seit 1785 an dieser Stelle durch Philipp Daniel Boumann d. J. (1747-1803) Schloß Bellevue errichten ließ. Es ging in die Architekturgeschichte als der erste königlich-preußische Schloßbau von eindeutig klassizistischem Charakter ein. Die Straße vom Potsdamer Tor zur Charlottenburger Allee wurde nun zum Schloß Bellevue durchgeführt.

Weitere sandige aber bald immer häufiger benutzte Wege außen und innen an der Akzisemauer entlang gingen ebenfalls vom Potsdamer Tor aus. Im Norden zum Brandenburger Tor hießen sie die Brandenburgische Communication, im Süden zum Halleschen Tor die Potsdamer Communication.

Der Ausbau dieser Verkehrswege veränderte die Situation vor dem »Octogon« mit dem Potsdamer Tor insofern, als sich mehrere Bürger an ihnen häuslich niederließen. Einen großen Teil des Geländes zwischen Potsdamer Tor und Tiergarten hatte König Friedrich Wilhelm I. im Zuge der Abrundung seiner Wildgehege mit der Lietzower Kirche eingetauscht. Partien davon pachtete der Begründer der Realschule in der Kochstraße, Konsistorialrat Johann Julius Hecker (1707-1768), der auf diesem Grund und Boden 1753 einen Schulgarten mit einer Maulbeerplantage anlegte. Die Communication nördlich des Potsdamer Tores erhielt deshalb den Namen Schulgartenstraße. Auch ein Friedhof für die Dreifaltigkeitsgemeinde, deren Pfarrer Hecker war, entstand in diesem Bereich.

Geländeteile südlich des Potsdamer Tores waren bereits vor 1770 parzelliert worden, und mehrere Berliner, darunter wieder Mitglieder der französischen Kolonie, ließen sich zwischen Potsdamer Communication und der Potsdamer Straße nieder. Etliche Grundstücke wurden von Gärtnern zu Erwerbszwecken, andere hingegen von Bürgern verschiedener Berufe und unterschiedlicher Stellung als Sommerfrische genutzt. Einer der bekanntesten Bewohner war unzweifelhaft der Flötist und Komponist Johann Joachim Quantz (1697-1773), der am Hofe Friedrichs II. keine unbedeutende Rolle spielte und außerdem auch Mitglied des bürgerlich-intellektuellen »Montagsclubs« war.

Die verbliebenen Wiesen und Landflächen an der Potsdamer Straße wurden ebenfalls parzelliert und an Gärtner und Ackerbürger verpachtet. Erst nach der »Chaussierung« 1791 bis 1793 siedelten sich hier auch andere Dauerbewohner sowie Sommergäste in größerer Zahl an. Um die Jahrhundertwende erreichte diese Siedlungsbewegung schon die Schafbrücke und griff auf die Schöneberger Dorfflur jenseits des Schafgrabens über.

Insgesamt gesehen war das Gebiet vor dem sich herausbildenden Potsdamer Platz um 1800 aber noch relativ dünn besiedelt. Der sehr genaue Tierparkplan aus dem Jahre 1795 von Peter Haas (1754-1804) zeigt für das gesamte Gelände zwischen »Hofjäger«, Potsdamer Tor, Tiergarten und Schaf-

graben nicht einmal drei Dutzend bebaute Grundstücke. Die ein- und zweistöckigen bauern- und landhausartigen, manchmal auch schon villenartigen Häuschen, von den Straßenfronten zurückgesetzt und in mitunter idyllisch anmutende Gärten eingebettet, verliehen diesem Gebiet einen durch und durch vorstädtischen Charakter. Gewerblich wurde es, wenn man von etwa zwei Dutzend Gärtnern und einigen Landwirten aus Charlottenburg und Schöneberg absieht, in keiner Weise genutzt. Nur in der weiteren Umgebung waren im Verlaufe des 18. Jahrhunderts einige Manufakturen entstanden: Im Norden hinter dem Tiergarten an der Spree eine Juchtenfabrik und eine Kattunbleiche, am Schafgraben in Höhe des Hofjägeretablissements eine Strumpfmanufaktur und in der Nähe des Halleschen Tores eine Tuchbleiche. Die dem Potsdamer Platz am nächsten gelegenen Gewerbebetriebe lagen innerhalb der Akzisemauer. Die Seidenmanufaktur im ehemals Groebenschen Haus in der Leipziger Straße 3 übernahm im Jahre 1750 Ernst Gotzkowsky (1710-1775), der sie zur Blüte führte. Im benachbarten Dervillschen Haus eröffnete derselbe Unternehmer 1761 eine Porzellanmanufaktur, die im Zusammenhang mit den Krisenerscheinungen nach dem Siebenjährigen Krieg in das Eigentum des Königs überging. Als Königliche Porzellanmanufaktur Berlin (KPM) errang sie aufgrund der Güte und der Schönheit ihrer Produkte schnell internationalen Ruf. Um 1780 hatte diese Manufaktur über 500 Beschäftigte.

Die Erwähnung des Siebenjährigen Krieges erinnert daran, daß der Potsdamer Platz schon jetzt in den Blickpunkt internationaler Politik rückte, obwohl er sich noch immer nicht ganz ausgebildet hatte. Friedrich II. hatte seine Regierung mit den beiden Schlesischen Kriegen (1740 bis 1742, 1744/45) zwar erfolgreich begonnen, aber seine aggressive und rücksichtslose Politik gegen die ausländischen Interessen ließ den Krieg von 1756 bis 1763 als logische Folgeerscheinung offen. Als der König im Jahre 1760 mit seiner Hauptmacht in Schlesien stand, gelang es am 3. Oktober einem russischen, kurz darauf auch einem österreichisch-sächsischen Korps, die südlichen Tore der Residenz an der Spree zu bedrängen, Charlottenburg zu besetzen und die preußischen Truppen in tagelange Scharmützel zu verwickeln. Auf den Rixdorfer und Schöneberger Höhen, aber — wie eine zeitgenössische Karte beweist — auch vor dem Schafgraben dicht neben der Potsdamer Straße und südwestlich des Tiergartens hatten die Gegner ihre Artillerie aufgestellt und von dort aus die Friedrichstadt unter Beschuß genommen. Auch im Botanischen Garten verschanzte sich der Gegner. Bei den heftigen Kämpfen um den Zugang zur Stadt brannte am 7. Oktober ganz Alt-Schöneberg ab, der Botanische Garten erlitt an Gebäuden und Pflanzenbeständen schwere Schäden. Zwei Tage später wurde die Residenz besetzt. Doch die russischen und österreichisch-sächsischen Eindringlinge zogen, nachdem sie die Berliner um hohe Kontributionssummen erleichtert hatten, bald wieder ab.

Die aggressive Politik Friedrichs II. hatte den Staat an den Rand des Ruins gebracht. Aber letztendlich entschied gerade dieser Krieg, daß an seinem Ende Preußen europäische Großmacht war. In Berlin wurde nun europäische Geschichte mitgestaltet, und der immer noch im Entstehen begriffene Potsdamer Platz, wie die Residenz nur ganz knapp der Vernichtung entkommen, rückte in der Wertungsskala der internationalen Plätze um mehrere Ränge nach oben.

In der dem Krieg folgenden Zeit verstärkte sich in dem Gebiet vor dem Potsdamer Tor der Charakter als Erholungs- und Vergnügungszentrum. Aus mehreren der kleinen Kaffeebewirtungen hugenottischer Siedler entwickelten sich beliebte gastronomische Wirtschaften, die an schönen Tagen die Berliner in Scharen anzogen. Der Leipziger Schrift

steller Karl Heinrich Krögen (um 1750-1788) schilderte sie nach einem Besuch Berlins im Jahre 1783 mit einem leichten Anflug von Ironie, aber durchaus nicht unfreundlich:

»Diese (Kaffeegärten) lagen vor dem Potsdamer Tor und stoßen mit der Vorderseite an den Tiergarten. Sie werden auch häufig besucht. Es sind da einige Leute und geräumige Säle, wo man sich belustigen kann. ... Im Winter werden sie ebenso häufig besucht als im Sommer, man sieht da besonders des Sonntags eine zahlreiche Gesellschaft beiderlei Geschlechts versammelt, die sich bei Kaffee, Wein und Schokolade die Zeit verkürzen. Die Frauenzimmer sitzen, ohngeachtet des vielen Tabakrauches, mit unter den Mannspersonen, erzählen sich die Neuigkeiten der Stadt und der Welt, sprechen von Putz und neuen Moden oder lassen sich nach Gefallen auch von Mannspersonen unterhalten, bis der Abend herbeinahet, wo man sich von diesem Ort des Vergnügens trennt und andere ähnliche in der Stadt aufsucht.«

Das älteste dieser Etablissements lag an der Charlottenburger Allee. Als Schänke »Zum letzten Heller« war es schon um 1725 entstanden. Von dem Hugenotten Richard erweitert, erhielt es nach dessen Nachfolger den Namen »Kemper-Hof« (Kemperplatz). Von hier aus in Richtung Westen bis zum »Hofjäger« reihten sich kleinere und größere Unternehmungen dieser Art den ganzen Weg entlang: das von Michaelis, George, Taron, Teichmann, Bayer und andere. Als besondere Attraktion galten die bei ihnen veranstalteten Konzerte und Feuerwerke.

Unter den Sommergästen, die sich alljährlich in die Häuser vor dem Potsdamer Tor einmieteten, waren oft genug bekannte Persönlichkeiten, so etwa Henriette Herz (1764-1847), die am Ende des 18. Jahrhunderts wegen ihrer Schönheit, ihrer geistigen Gewandtheit und ihres Charmes von den die bürgerlichen Salons besuchenden Koryphäen der

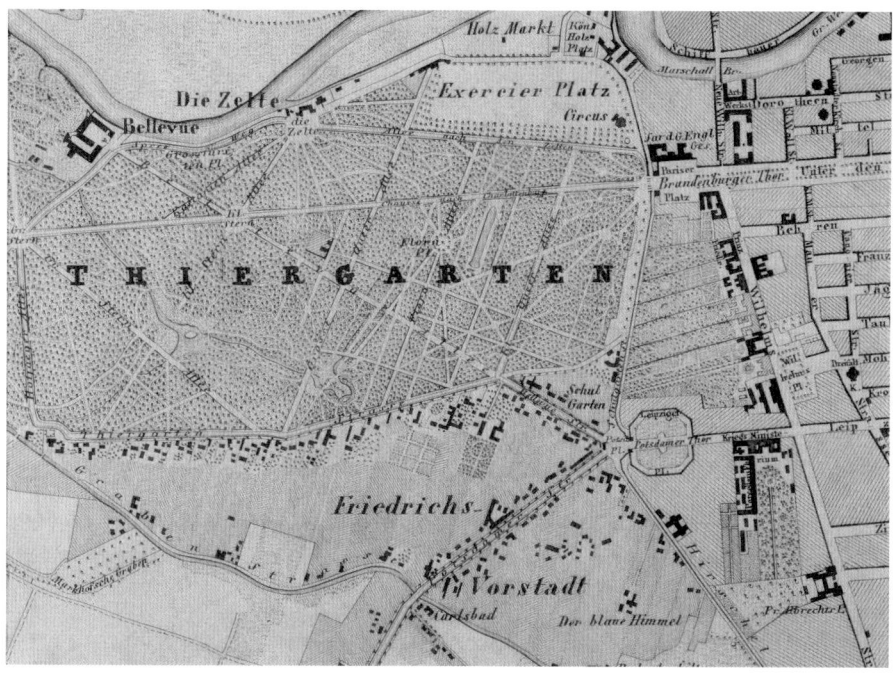

*Stadtplan von Berlin
Verlag der geographischen
Anstalt des Bibliotheks-
Institutes zu Hildburghausen,
1834 (Ausschnitt)
Vier Jahre vor Eröffnung der
Berlin-Potsdamer Eisenbahn ist
der vorstädtische Charakter
außerhalb des Potsdamer
Platzes trotz vermehrter Zahl
von Einzelgebäuden noch deutlich erkennbar. Direkt vor dem
Tor entstehen erste Bauwerke,
die architektonische Schließung
des Platzes beginnt.*

Iffland traf der berühmte, in der Residenz enthusia-
stisch aufgenommene Dichter auf den Maurermei-
ster und Begründer der Singakademie Carl Friedrich Zelter (1748-1832), auf den Besitzer der
Vossischen Zeitung Johann Friedrich Unger
(1753-1804) und den Historiker Karl Ludwig von
Woltmann (1770-1817), mit denen er schon länger
befreundet war. Seine Gattin Lotte schilderte Iff-
lands Haus als ein »Ideal von Gartenwohnung, deren waldige Hecke den Sand davor verbarg«.

## EINE NEUE EPOCHE

Die relativ geruhsame Entwicklung des Viertels vor dem Potsdamer Tor wurde am Anfang des 19. Jahrhunderts wieder durch bedeutsa-
me internationale Ereignisse unterbrochen, die bis
in das Innerste Preußens wirkten. König Friedrich
Wilhelm III. (1797-1840) hatte durch eine wankel-
mütige und unentschlossene Bündnispolitik Preußens internationale Stellung isoliert, das nun Spiel-
ball der napoleonischen Eroberungspolitik wurde.
So kam es zur Schlacht bei Jena und Auerstedt am
14. Oktober 1806, die für Preußen mit einer kata-
strophalen Niederlage endete. Schon wenige Tage
später rückten die französischen Truppen auf Berlin vor. Am 24. Oktober zog die Vorhut durch das
Hallesche Tor in die preußische Residenz ein. Zwei
Tage später erlebten auch die Bewohner der Umgebung des Potsdamer Platzes und der Leipziger Straße das Schauspiel des Einzugs der bunt zusammen-
gewürfelten Heerhaufen. Dem an ihrer Spitze
reitenden sieggewohnten Marschall Louis Nicolas
Davoust (1770-1832) eilten Vertreter des Magistrats
entgegen, um ihm feierlich die Stadtschlüssel und
damit die Befehlsgewalt in Berlin zu übergeben;
doch dieser schickte die Abordnung samt Schlüs-

Künste und Wissenschaft hoch verehrt wurde. Sie
bewohnte in jedem Sommer das Haus in der späteren Tiergartenstraße 18. Da sie oft mit ihrem ver-
trauten langjährigen Freund, dem Theologen und
Philosophen Friedrich Daniel Schleiermacher
(1768-1834), auf ausgiebigen Tiergartenspaziergän-
gen gesehen wurde, schützte sie ihre große Beliebtheit und Souveränität weder vor Verdächtigungen
noch vor mehreren Karikaturen.
Wenige Häuser weiter in westlicher Richtung hatte
1801 der Generaldirektor des Königlichen Natio-
naltheaters am Gendarmenmarkt, August Wilhelm Iffland (1759-1814), ein trautes Heim gegründet. Er liebte anregende Gesellschaften literarischer
und musikalischer Größen in seinem Haus. Den
berühmtesten Besuch empfing er mehrmals im
Frühjahr des Jahres 1804: Friedrich von Schiller
(1759-1805) weilte vom 1. bis 17. Mai in Berlin, um
eine mögliche Übersiedlung hierher zu prüfen. Bei

seln nach Potsdam, und erst bei seinem Einzug durch das Brandenburger Tor am 27. Oktober nahm der Kaiser ihnen diese ab.

Der nationale Befreiungskampf 1806 bis 1815 endete nicht mit einem einheitlichen deutschen Staatswesen. Preußen gehörte zu den Siegermächten; zum Leidwesen seiner Politiker spielte es in der internationalen Politik nur eine zweitrangige, aber durchaus keine unbedeutende Rolle. Berlin hatte seine Stellung als politisches Zentrum dieses nach Österreich größten deutschen Staates behauptet. Von großer Tragweite war die 1807 einsetzende Reformbewegung. Vor allem die Agrarreformen, die Einführung einer weitgehenden Gewerbeordnung, eine Finanzreform, die Veränderungen des Zollsystems und der Beginn der Judenemanzipation, nicht zuletzt eine durchgreifende Gewerbeförde-

rungspolitik des Staates führten zur vollen Durchsetzung der industriellen Revolution, die auch das Leben in Berlin von Grund auf veränderte. Die preußische Hauptstadt wurde im verstärkten Maß zum ökonomischen Zentrum des ostelbischen Preußen. Basis des Wirtschaftslebens blieb das Textilgewerbe, vor allem die sich seit den dreißiger Jahren des 19. Jahrhunderts sprunghaft ausdehnende Konfektion. Auch andere Zweige der kapitalistischen Industrie entwickelten sich, der Maschinen- und Gerätebau, die chemische Industrie, das Nahrungs-, Genußmittel- und Reinigungsgewerbe. Immer mehr festigte Berlin auch seine Rolle als Handelsplatz. Die Stadt wurde zum stark frequentierten Stapel- und Umschlagplatz des ganzen ostelbischen Preußen und darüber hinaus. Aus ihren Kaufmannskontoren und Lagern gingen mittel-

*Blick durch das von Karl Friedrich Schinkel 1823/24 neugestaltete Potsdamer Tor. Es war nach der alten Funktion angelegt: links die Militärwache, rechts das Zollhäuschen. Im Hintergrund erkennt man die Straßenecke Schulgarten- und Bellevuestraße. Johann Heinrich Hintze/William Barber, Stahlstich, um 1833*

deutsche Produkte der verschiedensten Sortimente in alle Welt.

Schließlich wurde Berlin in den folgenden Jahrzehnten die Bankmetropole Mitteldeutschlands. Seine Börse war um 1870 bereits nach der in Wien und vor der Hamburger und Frankfurter die bedeutendste in allen deutschen Staaten. Bankiers aus fast allen preußischen Provinzen und aus anderen deutschen Ländern suchten ihre Nähe, etablierten sich in der Spreemetropole, gründeten Filialen oder beauftragten einheimische Bankiers mit ihrer Vertretung. Die »Berliner Hochfinanz« wurde eine sprichwörtliche Macht im Staate mit weitreichendem Einfluß auf alle Bereiche seiner Existenz.

Der Ausbau Berlins hatte durch die kriegerischen Zeitläufe während der Befreiungskriege eine lange Unterbrechung erfahren. Dann rückten Veränderungspläne in den Vordergrund, die auch den Potsdamer Platz betrafen. Dabei knüpfte man an die gelungene Neugestaltung des Brandenburger Tores durch Carl Gotthard Langhans in der Zeit von 1788 bis 1791 an. Die architektonische Aufwertung des im steigenden Maße frequentierten Straßenzuges und des den Hofkreisen besonders wichtig erscheinenden Tores rückte in den Mittelpunkt der Diskussionen. Die große Bedeutung, die man diesem Bereiche zuschrieb, drückt sich auch in der Tatsache aus, daß in Erinnerung an die Völkerschlacht bei Leipzig das »Octogon« zum Leipziger Platz und das Potsdamer Tor in Leipziger Tor umbenannt wurden.

Karl Friedrich Schinkel verwirklichte in den Jahren 1823/24 die Umbaupläne. Entsprechend der ursprünglichen Funktion des Tores als Akziseeinnahmestelle und Militärwache gestaltete er die Anlage durch zwei die Straße flankierende Torhäuser. Sie wurden mit viersäuligen dorischen Vorhallen versehen, so daß sie die klare klassizistische Auffassung jener Zeit widerspiegelten.

Mit der Umgestaltung des Leipziger Platzes wurde

Peter Joseph Lenné (1789-1866) beauftragt. Ihm gelang es, die architektonische Leistung Schinkels harmonisch abzurunden. Die 1828 mit mittelhohen eisernen Zäunen eingefaßten Rasenhälften erhielten eine nur sparsame Baum- und Buschbepflanzung, wodurch die nüchterne Randbebauung des relativ geräumigen Platzes mit ihren barocken Palais betont und zu einer sinnvollen Einheit mit der Toranlage zusammengefügt wurde.

Lenné hatte sich schon seit 1816 mit Plänen einer tiefgreifenden Umgestaltung des Tiergartens beschäftigt, die er immer wieder modifizierte. Die sich über anderthalb Jahrzehnte hinziehenden Projektierungsarbeiten, bei denen er zeitweilig mit Karl Friedrich Schinkel zusammenarbeitete, wurden seit 1832 in die Tat umgesetzt. Auch an eine neue Randgestaltung des Tiergartens im Südosten war dabei gedacht. Der von der Schulgartenstraße zur Charlottenburger Allee führende Teil des »Kanonenweges« war als parkartig angelegte Villenstraße vorgesehen, und Lenné begann selbst mit der Umsetzung des Planes. Von dem Hofbauinspektor Friedrich Ludwig Persius (1803-1845) ließ er sich für die Ecke zur Schulgartenstraße ein villenartiges Wohnhaus entwerfen und errichten. Das Grundstück und 7000 Taler Baukostenzuschüsse erhielt er als Prämie für seine verdienstvollen Gartengestaltungen.

Insgesamt gesehen hatte sich in diesem Gebiet zwischen Tiergarten und Schafgraben der vorstädtische Charakter mit einer ausgeprägten sommerhaus- und villenartigen Bebauung noch verstärkt, trotzdem wurde die Besiedlung auch hier erheblich forciert. Im Laufe dieser Entwicklung sind zwischen 1830 und 1840 die alten volkstümlichen Namen der Wege durch Bezeichnungen ersetzt worden, die dem Charakter eines solchen Wohnviertels besser gerecht wurden. Der Potsdamer Platz, die Potsdamer und die Schulgartenstraße behielten ihre alten Namen. Die Charlottenburger Allee

*Rechts Oben: Villa Quandt in der Tiergartenstraße 3. Eduard Gaertner, Federzeichnung, 1842*

*Rechts unten:*
*Am Rande des Tiergartens — die Villa für den Landschaftsgestalter Peter Joseph Lenné an der Lennéstraße / Ecke Schulgartenstraße von Friedrich Ludwig Persius aus dem Jahre 1838/39 ist ein bezeichnendes Beispiel für den Villenstil des Klassizismus. Eduard Gaertner, Feder- und Bleistiftzeichnung, 1842*

hieß nun Bellevuestraße, der Südrandweg des Tiergartens Tiergartenstraße, der Kanonenweg Lennéstraße und die Potsdamer Communication Hirschelstraße.

Der schnelle wirtschaftliche Aufschwung zwischen 1815 und 1870 in der preußischen Hauptstadt führte zur Herausbildung bevorzugter Standorte, zu einer gewerblichen Raumordnung; nicht absolut, aber doch deutlich erkennbar. Das Maschinenbauviertel vor dem Oranienburger Tor, in der Köpenicker Straße bis zum Schlesischen Tor, das Konfektionsviertel zwischen Werderschem Markt, Hausvogteiplatz und Leipziger Straße, das Weberviertel im Osten und Nordosten Berlins, die Konzentration von über 300 Banken (um 1870) zwischen der Prachtstraße Unter den Linden und der Leipziger Straße – dies waren für jeden erkennbare Ballungsschwerpunkte des wirtschaftlichen Lebens in frühkapitalistischer Zeit. Das Territorium vor dem Potsdamer Tor hatte durchaus seinen Anteil an dieser Entwicklung. Nicht, daß es direkt Regierungszentrum, Industriegebiet oder Sitz bedeutender Banken oder Handelsunternehmungen geworden wäre. Aber da es unmittelbar neben dem Stadtzentrum mit der Häufung aller dieser Wirtschaftspotenzen lag, eingebettet in eine wohltuend erholsame Landschaft, wurde es zu einem beliebten Wohngebiet der Wohlhabenden: Beamte, Offiziere, Bankiers, Kaufleute und Fabrikanten. Das Adreßbuch von Berlin aus dem Jahre 1836 nennt in diesem Gebiet zwischen Tiergarten und Landwehrkanal, zwischen Potsdamer Tor und späterer Regentenstraße bereits 439 Eigentümer- und Mieterfamilien (ohne Dienstpersonal). Interessant ist die berufsmäßige Zusammensetzung. Am stärksten vertreten waren 88 Familien von niederen Beamten, aber auch 59 von hohen Beamten, 44 von Kaufleuten, 29 von Offizieren, 24 von Bankiers, Maklern und Rentiers. Stark vertreten waren Berufe, die Dienstleistungscharakter hatten: Familien

*Blick auf die Südostecke des Leipziger Platzes mit dem Palais des Prinzen Adalbert von Preußen. Rechts ist die Einmündung in die Leipziger Straße.*
*Carl Gaertner, aquarellierte Federzeichnung, 1842*

ten und an Geheimen Räten trug dem Viertel vor dem Potsdamer Platz – nüchterner »Friedrichvorstadt« geheißen – den ursprünglich als Spitznamen gedachten Titel »Geheimratsviertel« ein – wie unsere soziologisch-statistische Untersuchung bewiesen hat, auch schon zu dieser früheren Zeit zu Recht.

## EIN BISSCHEN TOR ZUR WELT

Symbol für den Aufstieg des Kapitalismus in der ersten Hälfte des 19. Jahrhunderts war die Dampfmaschine. Sie revolutionierte nicht nur den gesamten Produktionsprozeß, sondern auch den Verkehr. Ihre mobile Form wirkte auch auf die Geschicke des Potsdamer Platzes nachhaltig ein. Ausgehend von englischen Erfahrungen und unter Beachtung der zukunftsweisenden Schrift von Friedrich List aus dem Jahre 1833, in der er die Bedeutung Berlins für ein zukünftiges deutsches Eisenbahnnetz postuliert hat, setzten sich Berliner Kapitalisten immer nachdrücklicher für den Bau der Eisenbahnen von Berlin aus ein. Politische, ökonomische und militärische Gründe führten dazu, daß diese Pläne relativ schnell verwirklicht wurden. Die Berlin-Potsdamer Eisenbahn AG organisierte den Bau der Linie Potsdam-Berlin. Nach Aufnahme des Teilbetriebes von Potsdam bis Zehlendorf konnte einen guten Monat später, am 29. Oktober 1838, die gesamte über 26 km lange Linie bis zum Potsdamer Bahnhof vor dem Potsdamer Tor in Betrieb genommen werden. Zehn Jahre darauf wurde die Route bis Magdeburg verlängert, wodurch Berlin Anschluß an das westdeutsche und internationale Eisenbahnnetz erhielt.

Nur gut 600 Meter vom Potsdamer Bahnhof entfernt, entstand kurz danach ein zweiter größerer, der Anhalter Bahnhof. Am 1. Juli 1841 wurde von hier aus der Verkehr nach Jüterbog aufgenommen,

von 54 Gärtnern, 50 Handwerkern, 23 Architekten, Bildhauern und Malern, zwölf Gastwirten und Hoteliers, zehn Musikern und Sängern. Die restlichen Familien verteilten sich auf verschiedene Berufsgruppen, die jede weniger als zehnmal vertreten war.

Der außerordentlich hohe Anteil an Regierungs-, Justiz-, Legations-, Kommerzien- und sonstigen Rä-

kurze Zeit später nach Dessau und Köthen. Dadurch hatte man Anschluß an das sächsische Eisenbahnnetz, bald auch zu südeuropäischen Ländern. Der Anhalter Bahnhof erhielt zwar mit dem Askanischen Platz und der Anhaltischen Straße eine direkte Verbindung zur Wilhelmstraße und über diese zum Stadtzentrum. Aber es stellte sich bald heraus, daß der Potsdamer und Leipziger Platz mit der Leipziger Straße den Besucherstrom wie ein Magnet anzogen. So war denn die Bedeutung des Potsdamer Platzes durch die Aufnahme des Eisenbahnverkehrs enorm gestiegen, denn der überwiegende Teil des gesamten schnell wachsenden Perso-

nenverkehrs mit mittel-, süd- und westdeutschen Ländern und dem Ausland in diesen Richtungen ging durch das »Nadelöhr« Potsdamer Tor.

Was den Nahverkehr anbetraf, rückte der Potsdamer Platz ebenfalls mehr in den Blickpunkt. Der private und öffentliche Droschkenverkehr stieg sprunghaft an. Am 30. Oktober 1846 erhielt mit der »Concessionierten Berliner Omnibus Compagnie« zum ersten Mal ein Pferdebusunternehmen eine Konzession für den Betrieb in der Residenzstadt, und zwar gleich für fünf Linien. Drei davon führten über den Potsdamer Platz: Alexanderplatz-Bendlerstraße, Carlsbad-Jannowitzbrücke

*Der erste Bahnhofsbau Berlins war der Kopfbahnhof der 1838 in Betrieb genommenen Berlin-Potsdamer Eisenbahn. Alle frühen Bahnhöfe in Berlin waren Kopfbahnhöfe, da sie Ausgangspunkte voneinander unabhängiger Bahnlinien verschiedener Aktiengesell-schaften waren.*
*Julius Henning/Carl Schulin, Stahlstich, Aquatinta, 1839*

und Anhalter Bahnhof-Schönhauser Tor. Die Personenbeförderung durch Pferdebusse blieb für fast zwei Jahrzehnte auf dem Potsdamer Platz beherrschend. Eine Konzession für eine Pferdestraßenbahn vom Potsdamer Platz nach Schöneberg wurde 1865 zwar erteilt, hatte aber keine praktischen Folgen.

Die Inbetriebnahme der Potsdamer und Anhalter Eisenbahnlinien war nur der Beginn einer Entwicklung, in deren Verlauf Berlin schon sehr bald ein Eisenbahnknotenpunkt von internationalem Rang wurde. Die Linien nach Stettin (1842), Frankfurt an der Oder (1842), Hamburg (1846), nach Ostpreußen (1861) und Görlitz (1866) schlossen Berlin an wichtige Häfen, Rohstoffgebiete und Wirtschaftszentren sowie an internationale Bahnlinien nach allen Himmelsrichtungen an.

Die weiteren Geschicke des Potsdamer Platzes wurden für zwei Jahrzehnte durch den Verkehr einer im Oktober 1851 eröffneten Eisenbahnlinie beeinflußt, die den bedeutenden Güterverkehr der von einander unabhängigen Eisenbahngesellschaften zusammenführen sollte. Sie querte auf ebener Erde im Verlaufe der alten Akzisemauer alle Straßen und Plätze und erwies sich bald auch am Potsdamer Platz zu einem vielgeschmähten Verkehrshindernis. Der zu jener Zeit in Berlin lebende Schauspieler Hugo Wauer machte einen Freund auf diese prekäre Situation aufmerksam:

»... stelle Dir vor, daß unser Schmerzenskind, die Passage am Potsdamer Platz, täglich sechs- oder achtmal durch einen aus 'Sanitätsrücksichten' behutsam fahrenden, von einem langsamst schreitenden mit einer großen Glocke läutenden Bahnbe-

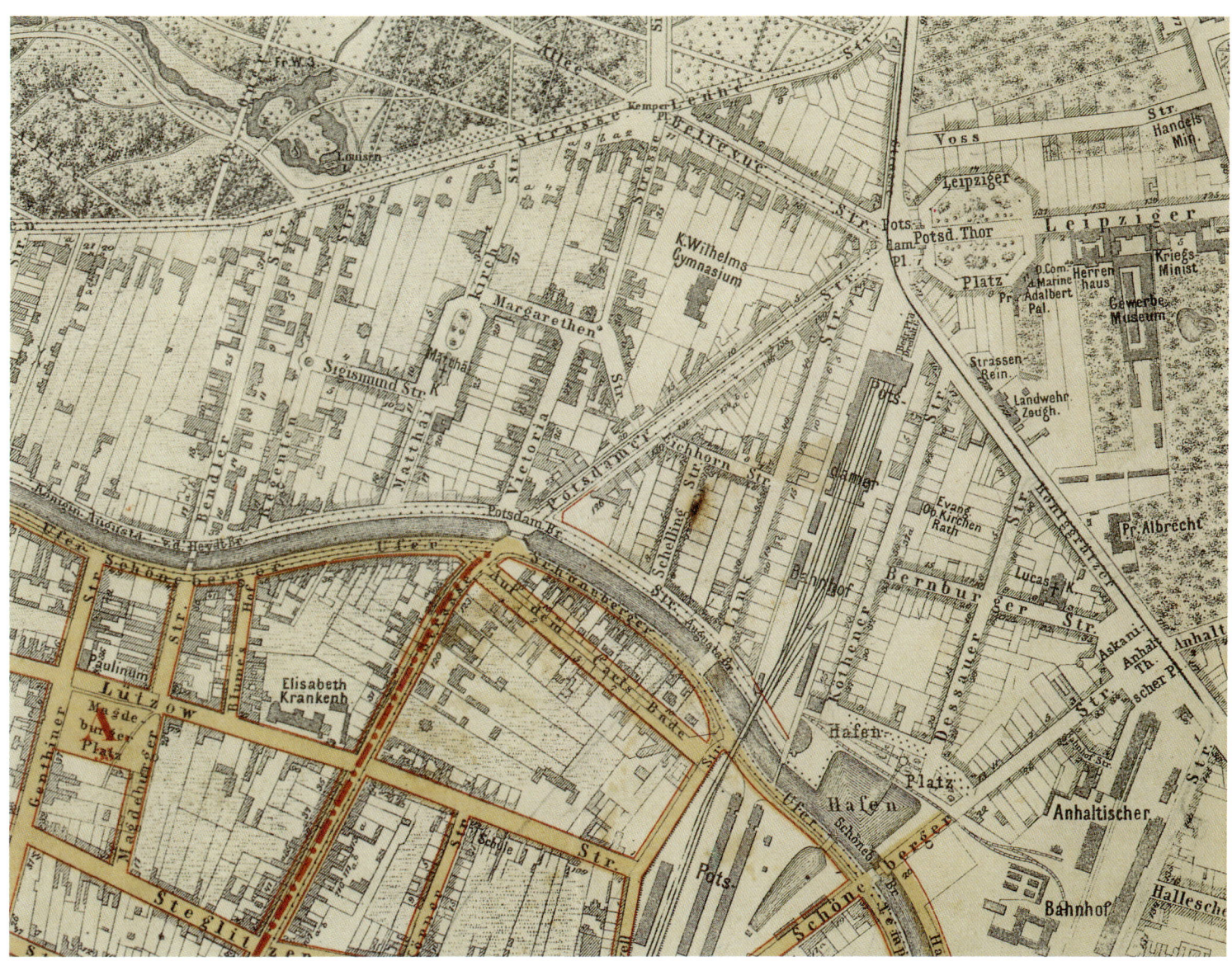

Situationsplan von Berlin
Sineck, Verlag Dietrich
Reimers, 1874 (Ausschnitt)
Der Abbruch der Akzisemauer
im Bereich des Platzes ist abgeschlossen, auf der neuentstandenen Königgrätzer Straße

wurde die Verbindungsbahn
von 1851 durch die Pferdestraßenbahn ersetzt. Die
Umgebung wird durch zwei
Bautypen bestimmt:
die geschlossene Mietshaus-
bebauung an der Potsdamer

und Königgrätzer Straße sowie
zwischen Potsdamer und
Anhalter Bahnhof;
die Villenbauweise um die
St. Matthäikirche bis zur
Tiergarten- und Bellevuestraße
(»Millionärsviertel«). Die

Grundrißgestaltung des
Potsdamer Platzes ist abgeschlossen und verändert sich
in Zukunft nur durch die
Bebauung der Grundstücke mit
immer größeren und
pompöseren Bauwerken.

*Die nördliche Randbebauung
des Leipziger Platzes. Links das
Torhäuschen, rechts die Ein-
mündung der Leipziger Straße.
Anonym, getönte
Bleistiftzeichnung, um 1860*

*Blick vom Leipziger Platz in die Leipziger Straße. Pferde- omnibusse und Droschken bestimmen den Verkehr. Das von Friedrich Hitzig entworfene Eckhaus war bis 1878 Sitz der englischen, später der türkischen Gesandtschaft. Es wurde 1896 dem Neubau des Kaufhauses Wertheim von Alfred Messel geopfert. W. Loeillot, Farblithographie, um 1850*

amten geführten Zug von 60 bis 100 Güterwagen vollständig gesperrt wurde, aber nicht etwa 'Anno dazumal', sondern noch nach 1870. Und bei jedem derartigen Zug stauten sich Hunderte von Fuhrwerken und Tausende von eiligen Passanten!«

Erst 1871 wurde dieser Zustand beendet, als der Güterverkehr zwischen den Eisenbahngesellschaften auf die neuentstandene Ringbahn verlegt wurde. Sie führte im weiten Bogen um die damalige Stadt herum.

Nach der Entstehung der Eisenbahnen gingen in der baulichen Gestaltung der Umgebung des Potsdamer Platzes große Veränderungen vor sich. Noch nach der Eröffnung der Berlin-Potsdamer Bahn glich das Gelände, sofern man die vereinzelt entstandenen größeren Häuser übersah, einer ländlichen Idylle. Der Arzt und Journalist, Dr. Isidor Kastan, später Bewohner der Victoriastraße, beschrieb diesen Zustand aus der Erinnerung heraus sehr anschaulich:

»Weiter westwärts, vom Beginn der Potsdamer Straße bis zum Landwehrkanal, herrschte eine wahrhaft friedliche Stille, die sich mit jedem weiteren Schritt nach dem Westen zu steigerte ... Allen Häusern waren breite Vorgärten vorgelagert, die in ihren mehr volkstümlich gehaltenen, an die Kleinstadt erinnernden Blumenordnungen und Lauben einen traulichen Anblick gewährten. Einer allgemeinen Beliebtheit erfreute sich der 'Sommersche Salon' in der Potsdamer Straße Nr. 9 und der große, schöne dahinterliegende Garten. Hier spielte jeden Mittwoch und jeden Sonnabend die Liebigsche 'Symphoniekapelle', damals die einzige in Berlin, die ausschließlich klassische Musik zu Gehör brachte. ... Abgesehen von dem geselligen Leben und Treiben in 'Sommers Salon' und dem sich anschließenden Garten ging es damals in der Potsdamer Straße recht still und beschaulich her.«

Diese Vorstadtidylle wurde nun immer öfter durch das Lärmen der Bauarbeiter unterbrochen, und

nach und nach wurde ringsum der Potsdamer Platz zugebaut. Die aus Königsberg stammende Schriftstellerin und Vorkämpferin der Frauenemanzipation, Fanny Lewald, siedelte 1842 nach Berlin über, wo sich ihre Wohnung bald in einen beliebten literarischen Salon verwandelte. Sie beschrieb die etliche Jahre später vorzufindende Situation:

»Kam man 1840 nach den Stadttheilen in der Gegend des Potsdamer Thores, so war es dort einsam wie in Darmstadt oder Karlsruhe. Die Anhalter Eisenbahn und die von Potsdam aus weiter eröffneten Schienenwege zogen Menschenmassen und den Verkehr nach dem Westende der Stadt. Es waren dort neue Straßen, wie die Anhalter Straße und der Askanische Platz entstanden; das ganze Viertel zwischen dem Askanischen Platz und der Potsdamer Straße befand sich im Bau. Rund um den Thiergarten erhoben sich neue Häuser, und zwar mit einem Aufwande und mit einem Geschmack, von welchen früher bei Privat-Bauten nicht entfernt die Rede gewesen war. Der Luxus war überhaupt auffällig gestiegen.«

Der erste Teil der Lewaldschen Schilderung bezieht sich auf den Ausbau des Geländes zwischen dem Potsdamer und Anhalter Bahnhof. Hier wurden in Form von drei- bis vierstöckigen Mietshäusern die Straßenfronten durch eine zusammenhängende, kompakte Bebauung geschlossen. Ähnlich wurden auch die Hirschelstraße und die um 1844 neu entstandenen Köthener, Dessauer und Bernburger Straße sowie die Link-, Eichhorn- und Schellingstraße zwischen dem Potsdamer Eisenbahngelände und der Potsdamer Straße bebaut. Letztere erhielt nach und nach ebenfalls eine geschlossene Bebauung.

Auf der Westseite der Potsdamer Straße war die baumäßige Erschließung eine ganz andere. Als erstes war hier 1844 bis 1846 durch den Schinkel-Schüler Friedrich August Stüler (1800-1865) die St. Matthäikirche entstanden, um die herum man die Regenten-, Matthäikirch- und Sigismundstraße, die Margarethen- und Victoriastraße angelegt hatte. Die Grundstücke wurden überwiegend von Vertretern der Hochfinanz erworben. Durch das Wirken verschiedener bekannter Architekten entstand ein Villenviertel, in dem seit 1850 baukünstlerische Höchstleistungen geboten wurden. Das stilistische Spektrum der Wohnhäuser reichte von der spätklassizistischen bis hin zur historistischen Formenwelt. Besondere Verdienste bei der Erschließung und Bebauung der Victoriastraße erwarb sich der vielseitige Architekt Friedrich Hitzig (1811-1881), der den spröden Landhausstil der ersten Jahrzehnte des Jahrhunderts durch eine reichere Formensprache und eine sinnvollere funktionelle Gestaltung den hohen Ansprüchen der Geldaristokratie anpaßte und die Villenarchitektur zu einem bedeutenden Höhepunkt führte. Auch die Bellevue- und Tiergartenstraße erhielten seitdem vielbestaunte schloßartige Millionärspaläste. Daß dieses ganze Viertel südlich des Tiergartens am Ende des 19. Jahrhunderts im Volksmund »Millionärsviertel« hieß, kam nicht von ungefähr. Die Namen der Bankiers, die hier bis dahin gewohnt hatten oder noch wohnten, hatten in der Geschäftswelt einen guten Klang: Hansemann, Magnus, Fürstenberg, Pinkus, Oppenheim, Gelpcke, Lachmann, Goldschmidt, Simon, Heymann, Rothschild, Schwabach, Wallich — um nur die bekanntesten zu nennen.

Neben hohen Beamten und Offizieren wie von Jagow, Direktor Michelet, von Kusserow, Abeken, von Manteuffel, Dr. Lasker, General Graf von Brandenburg und Oberstleutnant Graf Schwerin fällt auch die große Anzahl bekannter Wissenschaftler auf: die Professoren Bardeleben, Magnus, Weierstraß, Gneist, Virchow, Curtius, die Gebrüder Grimm, Droysen und viele andere lebten hier. Bedeutende Künstler waren ebenfalls vertreten, so die Maler Meyerheim, Hennig, Timm und Begas. Einer der Revolutionäre von 1848 wohnte in der

Potsdamer Straße 26: Franz Duncker (1822-1888), der dort seinen Verlag betrieb, aus dem eine große Anzahl Bücher mit bürgerlich-demokratischer bzw. liberaler Tendenz hervorging. Auch die Studie von Karl Marx »Zur Kritik der Politischen Ökonomie« erschien 1859 bei ihm. Er war übrigens bekannt mit einem anderen »48er«, der anfangs der sechziger Jahre als Arbeiterführer weltbekannt wurde: Ferdinand Lassalle (1825-1864). Dieser wohnte in der Bellevuestraße 13, wo er »so luxuriös wie sein Gegenbild, der reiche Mann« lebte; so berichtete jedenfalls der 1849 aus Preußen ausgewiesene Karl Marx, der Lassalle im Frühjahr 1861 in dessen Domizil besuchte, in einem Brief an Friedrich Engels vom 10. Mai 1861.

Das Viertel vor dem Potsdamer Tor erhielt eine neue Hauptstraße, als 1867 die alte Akzisemauer niedergerissen wurde. Die bescheidenen Straßen, die innerhalb und außerhalb an der Mauer entlangführten, waren nun eine einzige, breite Anlage, die vom Halleschen über das Potsdamer bis zum Bran-

*Die nach Plänen des Architekten August Orth errichtete Villa für den Maschinenbaufabrikanten Friedrich Wöhlert, Königgrätzer Straße 2. Der stolze Eigentümer posiert für seinen fotografierenden Baumeister vor dem Gartenzaun. August Orth, 1873*

*Das villenartige Wohnhaus Victoriastraße 37 aus der ersten Bebauungsphase war einst Eigentum des Kaufmannes und Stadtverordneten Adolph Meyer. Seit der Jahrhundertwende wird es durch moderne Mietshäuser eingeengt. Anonym, 1910*

denburger Tor führte. Sie verband nun wichtige Ausfallstraßen aus der Innenstadt und hatte eine verbindende Funktion als Mittler zwischen der Altstadt und den neuentstehenden Stadtteilen. 1872 erhielt sie nördlich des Leipziger Platzes eine Verbindung mit der Wilhelmstraße, indem durch den Garten des verstorbenen Generals Graf von Voß-Buch die Voßstraße eingerichtet wurde. Südlich der Anhaltischen Straße entstand eine weitere Verbindung dieser Art, die nach dem Berliner Bürgermeister Heinrich Hedemann (1800-1872) benannte Hedemannstraße.

Durch den Abbruch der Akzisemauer war mit dem Potsdamer Platz noch etwas besonderes geschehen: Er hatte sich nach Osten hin geöffnet. Die Torhäus-

chen von Karl Friedrich Schinkel waren ihrer Maueransätze entledigt und standen nun, ihrer einstigen Funktion beraubt, frei mitten auf einem großen Doppelplatz, nur so zum Schmuck. Eigentlich sind der Leipziger Platz, der von den Architekten des frühen 18. Jahrhunderts so akribisch ausgeformte, und der Potsdamer Platz, der immer noch so wild und ungebärdig vor sich hinwuchs, seit dieser Zeit ein einziger Platz. Zwar lag er noch immer am Rande der Stadt, aber vor allem durch seine Eisenbahnen war er ein bißchen Berlins Tor zur Welt. Und er war Zentrum für das neue Tiergartenviertel.

*Paradebeispiel für die nord-
deutsche Bahnhofsbaukunst: der
von 1876 bis 1880 nach Plänen
von Franz Schwechten neu-
errichtete Anhalter Bahnhof.
Er ersetzte die alten Anlagen,
die seit 1841 entstanden waren.
Hermann Rückwardt, 1881*

Die beeindruckende Pracht
des alten »Millionärsviertels«:
Die Villa im Vordergrund
Bellevuestraße 10 / Ecke Lennéstraße gehörte dem Kommer-
zienrat und belgischen Konsul
Isidor Gerson. Zum Glanz
dieses Villenviertels paßte der
von Hugo Hagen gestaltete
und 1876 eingeweihte
»Wrangelbrunnen«.
Friedrich Ferdinand Albert
Schwartz, 1876

## Der ungehemmte Aufstieg

Wie sehr Berlin zu jener Zeit nicht nur Produkt des wirtschaftlichen Aufschwunges und der rasanten Verkehrsentwicklung war, sondern vor allem auch der »großen Politik«, und in welchem Umfang der Potsdamer Platz Anteil nahm an diesem Geschehen, zeigt uns der Einfluß des Reichseinigungsprozesses auf die Geschicke »Spree-Athens«. In den fünfziger und sechziger Jahren des 19. Jahrhunderts wohnten Adel, Staatsbürokratie, Offizierkorps, »großes« und »kleines« Bürgertum nirgends so hautnah und sich gegenseitig beeinflussend beieinander, wie in der Gegend um den Potsdamer Platz. Die »Revolution von oben« wurde nicht von Bismarck, dem »Schmied des Reiches«, allein, an den grünen Tischen der Regierungen und der Diplomatie oder etwa nur unter dem Zwang sich zufällig ergebender Realitäten konzipiert und realisiert. Sie war auch das Ergebnis zahlreicher gesellschaftlicher Zusammenkünfte, von Herrenabenden, Diners und Hausbällen in den schmucken Villen des Tiergartenviertels — etwa bei dem langjährigen Minister und Topbankier August von der Heydt (1801-1874), bei dem Bankier Adolf Hansemann (1826-1903), bei dem Kompagnon des Bismarckbankiers Gerson Bleichröder, Paul von Schwabach (1867-1939), und bei vielen anderen. Wie der später wohl herausragendste deutsche Bankier, Carl Fürstenberg (1850-1933), der später selbst eine Villa in der Victoriastraße bezog, in seinen Lebenserinnerungen verzeichnete, fanden sich »zahlreiche dem Hofe nahestehende Persönlichkeiten an solchen Abenden ... ein. Ein großer Teil des diplomatischen Korps war vertreten, daneben Minister, höhere Beamte und eine größere Zahl von eleganten Offizieren ...«

So gesellschaftlich vorbereitet, wurde die deutsche Einheit in den »Einigungskriegen« mit »Eisen und Blut« (Bismarck) auf den Schlachtfeldern vollendet. Für die weiteren Geschicke des Potsdamer Platzes war nicht so wichtig, daß die Hirschel- und Schulgartenstraße im Zusammenhang mit dem Abbruch der Akzisemauer im Gedenken an den Sieg in der ersten Entscheidungsschlacht bei Königgrätz (3. Juli 1866) ein Jahr darauf in Königgrätzer Straße umbenannt wurden oder daß auf dem Platz selbst seit dem 2. September 1871 lange Zeit jährlich Erinnerungsfeiern an den preußischen Sieg bei Sedan stattfanden. Von größeren Folgen war vielmehr, daß in dieser Zeit die Wilhelm- und Leipziger Straße sowie der Leipziger Platz zum Regierungszentrum des Norddeutschen Bundes und schließlich des deutschen Kaiserreiches avancierten.

Ein Prozeß, der schon im ersten halben Jahrhundert begonnen hatte, fand jetzt seinen Höhepunkt: In 13 Gebäuden der Leipziger Straße und des Leipziger Platzes und in 13 weiteren der Wilhelmstraße, meistens in bedeutenden historischen Palais, hatte sich bis 1883 die überwiegende Zahl der deutschen Reichsinstanzen, der preußischen Staatsbehörden und ihrer wichtigsten Unterabteilungen angesiedelt. Immer größer wurde die Zahl politisch-administrativer Dienstreisen, diplomatischer Missionen und schließlich von Hof- und Staatsbesuchen aus aller Herren Länder, die über den Potsdamer, noch öfter aber über den repräsentativeren Anhalter Bahnhof anreisten, um im Berliner Schloß empfangen zu werden und in einem der Ministerien hinter dem Potsdamer Platz Verhandlungen zu führen.

Auch Reichstagsabgeordnete waren darunter. Denn schon mit der Gründung des Norddeutschen Bundes 1867 mußte dessen Parlament untergebracht werden. Man fand das Palais Leipziger Straße 3, das 1737 unter dem preußischen Leutnant Johann Heinrich von der Groeben erbaut, später Seidenmanufaktur des Ernst Gotzkowsky, bis 1851 Wohnhaus der Bankiers- und Künstlerfamilie Mendelssohn-Bartholdy war und dann preußisches

*Leipziger Platz. Zwei der acht Statuen, die an den Eckpunkten des Octogons standen.*
*Von dem Bildhauer Meyer im 18. Jhdt. ursprünglich als Laternenträger für die Brücke über den Festungsgraben vor der Königlichen Oper Unter den Linden angefertigt, erhielten die Sandsteinfiguren im Zusammenhang mit der Neugestaltung des Gebietes um die Neue Wache durch Schinkel 1824 ihren neuen Standpunkt. Im Zweiten Weltkrieg wurden sie mit dem Platz vernichtet. Georg Bartels, 1903*

*Das preußische Landwirtschafts-*
*ministerium wurde 1876 am*
*Leipziger Platz 9/10 eröffnet*
*und um 1890 durch die an-*

*schließenden Häuser Nr. 6 bis 8*
*erweitert.*
*Max Missmann, 1910*

Herrenhaus wurde. Der konstituierende Reichstag begann seine Session mit der Sitzung am 25. März 1867. Später tagte in diesem Gebäude wieder das Herrenhaus des Landtages, bis es 1904 den heute noch vorhandenen repräsentativen Neubau von Friedrich Schulze (1843-1912) erhielt.

Das Parlament des 1871 entstandenen Reiches war viel größer und benötigte auch ein größeres Haus. Bismarck exmittierte unter persönlichem Einsatz die Königliche Porzellanmanufaktur in der Leipziger Straße 4 und ließ ihre Gebäude nach Entwürfen von Friedrich Hitzig unter Leitung von Gropius & Schmieden zum »Provisorium« umbauen, das 23 Jahre lang Domizil des Parlaments blieb, bis Paul Wallot (1841-1912) 1894 seinen heiß umstrittenen Prachtbau neben dem Brandenburger Tor übergeben konnte. Die großen Rededuelle zwischen Bismarck (1815-1898), Bebel (1840-1913), Lasker (1829-1884) und vielen anderen im Reichstag vor dem Leipziger Platz waren in aller Munde.

Der gewonnene Krieg gegen Frankreich 1870/71 und die Reichseinigung hatten noch andere Folgen für Berlin und für den Potsdamer Platz. Die von Frankreich erpreßten Kriegskontributionen in Höhe von 5 Milliarden Goldfrancs hatten in Deutschland einen wirtschaftlichen Boom zur Folge, der schon früh spekulativen Charakter trug. Berlin, die neue Kaiserstadt, dehnte und reckte sich und stellte alles bisher Gewesene in den Schatten. Dabei waren auch schon die früheren Wachstumszahlen seiner Bevölkerung gewaltig: von 192 971 im Jahre 1840 stiegen sie bis 1870 auf 774 498. Vor den Toren der Stadt im Norden und Nordosten waren Moabit, der Wedding und Gesundbrunnen dicht besiedelte Industrie- und Arbeiterwohnviertel geworden mit 30 000 Einwohnern. Schon 1861 hatte man sie in die Kommune Berlin eingemeindet. Dies war in diesem Zusammenhang auch mit einem inzwischen dichter bewohnten Teil der Gemarkung Schöneberg südlich des Landwehrkanals

Der Leipziger Platz mit seiner südwestlichen Randbebauung. Hinter den Torhäuschen von Karl Friedrich Schinkel sieht man Häuser des Potsdamer Platzes. Die Anlage der um-zäunten Grünfläche entspricht in den Grundzügen noch der Gestaltungsidee von Peter Joseph Lenné aus dem Jahre 1828. In der Einbuchtung der Mittelpromenade steht das 1862 eingeweihte Denkmal des ehemaligen preußischen Ministerpräsidenten, Graf Brandenburg, von Hugo Hagen. Gegenüber, durch die Bäume verdeckt, als Pendant das Denkmal des Feldmarschalls von Wrangel, modelliert von Karl Keil und eingeweiht im Jahre 1880.
Georg Bartels, 1900

Der 1737 in der Wilhelm-
straße 102 für den Baron
Vernezobre erbaute Palast
wurde 1830 bis 1833 durch
Karl Friedrich Schinkel für den
Prinzen Albrecht von Preußen
umgebaut. Dieses »Prinz-
Albrecht-Palais« errang in der
Zeit der Nazidiktatur traurigen
Ruhm: 1934 wurde es Sitz von
Reinhard Heydrich, dem Leiter
des Sicherheitsdienstes (SD)
beim Reichsführer SS,
und dessen Nachfolger
Ernst Kaltenbrunner.
Lichtdruck nach Fotografie von
Rammler & Jonas, 1890

*Das Reichskanzlerpalais in der
Wilhelmstraße 77 wurde als
Palais des Grafen Schulenburg
im Jahre 1736 erbaut.
Zeitweilig bewohnten es die
Prinzen Ferdinand und
Heinrich von Preußen. Im
Jahre 1795 erwarb es Fürst
Radziwill, 1876 bis 1890 war
es Dienstwohnung des Reichs-
kanzlers Fürst Bismarck.*

*Photographische Gesellschaft,
1878*

Hof der Königlichen Porzellanmanufaktur in der Leipziger
Straße 4. Das Vordergebäude
des Betriebes war nach Umbau-
arbeiten von Friedrich Hitzig
sowie Gropius & Schmieden

seit 1871 Tagungsstätte des
deutschen Reichstages. Das
»Provisorium« dauerte 23
Jahre, denn erst 1894 konnte
der Neubau des Reichstages
von Paul Wallot hinter dem

Brandenburger Tor eingeweiht
werden.
Friedrich Ferdinand Albert
Schwartz, 1888

*Das alte Zeughaus der Landwehr befand sich in der Königgrätzer Straße 122. Das Bild zeigt die Hofansicht. In den Jahren 1881 bis 1883 wurde an seiner Stelle der Neubau für die Generalmilitärkasse errichtet. Friedrich Ferdinand Albert Schwartz, 1880*

Das preußische Abgeordnetenhaus in der Prinz-Albrecht-
Straße wurde nach Plänen von
Friedrich Schulze 1892 bis 1897
erbaut und war Tagungsort des
preußischen Landtages. Im
Festsaal wurde um die Jahres-
wende 1918/19 die KPD
gegründet, 1934/35 war das
Gebäude Sitz des Volksgerichts-
hofes, danach »Haus der
Flieger«. Seit 1961 im Mauer-
bereich liegend, blieb es der
Öffentlichkeit unzugänglich.
Max Missmann, 1911

Die Ausschmückung des
Potsdamer Platzes anläßlich des
Einzuges der preußischen
Truppen nach dem Krieg gegen
Frankreich am 16. Juni 1871 in
Berlin. Sie zogen über die
Potsdamer Straße und den
Potsdamer Platz, durch die
Königgrätzer Straße und das
Brandenburger Tor bis zum
Lustgarten. Germania thront
über den in den Schlachten
eroberten Geschützen des
geschlagenen Feindes.
Georg Schucht, 1871

Blick in die Leipziger Straße.
Die linke Straßenfront zeigt
mit Nr. 4 den Reichstag, das
Herrenhaus in Nr. 3 und das
1887 hierher verlegte Handels-
ministerium in Nr. 1/2.

Im Hintergrund sind der
Leipziger Platz und Häuser des
Potsdamer Platzes mit der
Reklame des Hoffotografen
Friedrich Ferdinand Albert
Schwartz, der an der Ecke

Bellevuestraße von 1887 bis
1902 wohnte und ein Atelier
unterhielt, zu erkennen.
Friedrich Ferdinand Albert
Schwartz, 1892

*Ehemaliges Palais
der Bankiers- und Künstlerfamilie Mendelssohn-Bartholdy,
Leipziger Straße 3. Im Jahre
1851 zum Tagungsort des*

*Herrenhauses umgestaltet, hatte
hier von 1867 bis 1870 der
Reichstag des Norddeutschen
Bundes seinen Sitz. Links
anschließend die ehemalige*

*Königliche Porzellanmanu-
faktur, seit 1871 »provisorische«
Tagungsstätte des deutschen
Reichstages.
Friedrich Ferdinand Albert
Schwartz, 1882*

*Potsdamer Brücke. Blick in die
Potsdamer Straße nach Norden.
Typische Berliner Mietshaus-
bebauung der Gründerzeit mit
Fassaden im nachschinkelschen
Klassizismus (Spätklassizismus).
Georg Bartels, Mai 1897*

Die über den Landwehrkanal
führende Potsdamer Brücke
markiert jene Stelle, an der
schon die Potsdamer Chaussee
mit ihrem Abzweig nach
Leipzig den Schafgraben
passierte. Unter Leitung von
Stadtbaumeister Fr. Eiselen
wurde sie 1897/98 mit der
Victoriabrücke als gemeinsame
eiserne Bogenbrücke neu
errichtet. Die wirkungsvolle
kunsthandwerkliche Ausstattung erhielt durch vier Bronze-
gruppen von Reinhold
Felderhoff, Jaensch, Max Klein
und Julius Moser eine
künstlerisch gediegene
Abrundung.
Hermann Rückwardt, 1899

*Die spätklassizistische Villa
aus der Zeit vor 1870 gehörte
dem Stadtgerichtsrat und
Stadtverordneten Carl Eduard
Dircksen. Sie wird von Mietshäusern der Jahrhundertwende
flankiert.
Georg Bartels, 1903*

*Blick vom Potsdamer Platz aus
in die Potsdamer Straße. Im
siebenten Haus links hinter der
Einmündung der Linkstraße
wohnte in Nr. 134c Theodor
Fontane.*
*Georg Bartels, 1897*

geschehen, wodurch sich die Stadtgrenze Berlins bis hinter den Botanischen Garten verschoben hatte.

In der weiteren Umgebung des Potsdamer Platzes war in dieser Zeit ein Häusermeer unterschiedlichster Bausysteme für voneinander abweichende Funktionen, von verschiedener Qualität, mit höherem und niederem Komfort, mit Bewohnern aller Klassen und Schichten, dieser und jener Berufsgruppen, widersprüchlich aber gewaltig, gewachsen – zu verschiedenen selbständigen kommunalen Zuständigkeiten gehörend, aber doch schon ein Stadtkörper. Noch nicht Berlin, aber schon auf vielfältige Weise in das Funktionsgefüge

*Die einst gartenhaus- und villenbebaute Potsdamer Straße hat ihren Vorstadtcharakter verloren und ist Hauptver-* *kehrsstraße der Großstadt geworden. Mietshäuser an der Ecke der Eichhornstraße. Georg Bartels, 1897*

dieser Weltstadt gewordenen Kaisermetropole ver-
einnahmt. Mittendrin im Zentrum lag der Potsdamer Platz: Auch für seine nähere Umgebung konnte man eine immer größere Besiedlungsdichte
feststellen. Für denselben Bereich, in dem wir für
das Jahr 1836 439 Eigentümer- und Mieterfamilien
gezählt hatten, wurden 1883 schon 4384 festge-
stellt. Darunter waren die Familien von Bankiers,
Maklern, Wechslern und Rentiers mit 843 am
stärksten vertreten, dann folgen die Kaufleute mit
815, die der Handwerker mit 734, der niederen Beamten mit 633, die der hohen Beamten mit 230, die
Offiziersfamilien mit 200; alle anderen Berufe waren mit weniger als 200 Familien vertreten.
Ein Vergleich zu den Zahlen von 1836 zeigt, daß
dieselben sechs Berufsgruppen an der Spitze liegen,
nur untereinander haben sich in der Reihenfolge
Veränderungen ergeben: Die Vertreter von Bank
und Börse, die Makler, Geldwechsler und Kaufleute haben die Vertreter des Beamtentums weit über-
flügelt. Immer häufiger hieß das »Geheimratsviertel« im Volksmund nun »Millionärsviertel«.
Ein Platz, dessen umwohnende Bevölkerung die
Einwohnerschaft einer eigenen Kleinstadt aus-
machte, der täglich von Tausenden von Reisenden
und Touristen passiert wurde, über den man vom
Osten der Stadt in den Westen und umgekehrt ge-
langte, solch ein Platz mußte auch verkehrsmäßig
besser erschlossen werden. Zuerst wurden der Potsdamer und Anhalter Bahnhof durch repräsentative
Großanlagen ersetzt. Der neue Potsdamer Bahn-
hof entstand 1868 bis 1872 unter Leitung von
L. Quassowski in Ziegelbauweise; Sockelwerk und
Schmuckelemente bestanden aus wetterfestem
Sandstein.
Baukünstlerische Maßstäbe legte der Architekt
Franz Schwechten (1841-1924) dem Neubau des
Anhalter Bahnhofs zugrunde, der von 1876 bis 1880
entstand. Der durch Formsteine und Terrakotten
geschmückte und mit Sandsteinteilen ergänzte Zie-

gelbau im gefälligen Rundbogenstil wurde und
wird von Architekturkritikern als Höhepunkt der
Berliner Bahnhofsbaukunst des 19. Jahrhunderts
gewertet.
Beide Bauwerke hatten neben umfangreichen Ab-
fertigungshallen und Wartesälen, die Klassen 1 bis
4 streng getrennt, auch besondere Empfangs- und
Aufenthaltsräume für den königlichen bzw. kaiser-
lichen Hof, die auch für bedeutende Staatsempfänge genutzt wurden. Solche Empfänge bestimmten
mit ihrem Prunk und pomphaften Aufwand mehr
das Tagesgeschehen auf dem Potsdamer Platz als
die fortwährende Ankunft der Massen meist na-
menloser Reisender, die von den immer dichter
verkehrenden Zügen auf Straßen und Plätze ge-
schwemmt wurden, woran man sich bald gewöhnt
hatte. Vor allem im Personenverkehr behielten die
beiden ältesten Berliner Bahnhöfe ihre überragende
Bedeutung; 1890/91 fuhren beispielsweise pro Jahr
1 473 819 Fahrgäste vom Potsdamer Bahnhof und

*Blick auf das 1872 eingeweihte
neue Gebäude des Potsdamer
Bahnhofs, das nach Plänen von
L. Quassowski errichtet wurde.
Hinter der Mauer neben den
parkenden Droschken befindet
sich der alte Friedhof der
Dreifaltigkeitsgemeinde.
Max Missmann, 1910*

*Links oben:
Staatsempfang am Anhalter
Bahnhof. Der neue chinesische
Gesandte, General Yintchang,
ist eingetroffen.
Gebrüder Haeckel, 1908*

*Links unten:
Auch der Potsdamer Bahnhof
hatte berühmte Gäste, der
Reichskanzler Fürst von Bülow
steigt nach dem Verlassen des
Bahnhofs in eine Droschke.
Gebrüder Haeckel, 1908*

Die Südfront des Potsdamer
Platzes zeigt links den Neubau
des Hotels Fürstenhof, der
1906/07 nach Plänen von
Reichenberg & Moser entstand,
mit Café Fürstenhof und
Bierrestaurant Leipziger Hof.
Der Potsdamer Bahnhof wird
rechts von der Konditorei
Telschow flankiert.
Max Missmann, 1907

Blick auf die südwestliche
Randbebauung des Potsdamer
Platzes. Von links nach rechts
erkennt man das Hotel
Fürstenhof, den Potsdamer
Bahnhof, das Pschorr-Bräu-
Haus mit der Konditorei

Telschow im Nebenhaus und
dahinter die Einmündung
der Linkstraße. Am rechten
Bildrand der Vorgarten von
Café Josty.
Max Missmann, 1925

51

1 238 051 vom Anhalter Bahnhof ab; weit mehr, als von anderen Bahnhöfen der Stadt.

Nach der Beseitigung der Verbindungsbahn im Jahre 1871 konnte auch das Nahverkehrssystem mit dem Zentrum Potsdamer Platz an die gestiegenen Anforderungen angepaßt werden. Die Pferdestraßenbahnen eroberten sich das Terrain. Für den Bau einer solchen Bahn hatte man schon 1865 – dem Geburtsjahr der ersten Berliner Pferdebahn – einen Vertrag geschlossen. Sie sollte bis Schöneberg fahren. Der Bau der Bahn wurde aber immer wieder verschoben. So fuhr dann erst 1873 nach dem Abbruch der Akzisemauer und der Beseitigung der Verbindungsbahn die erste Pferdebahnlinie vom Potsdamer zum Halleschen Tor. Die »Große Berliner Pferdeeisenbahn AG« eröffnete dann endlich 1879 die Linie vom Potsdamer Platz nach Schöneberg, die bald bis zum Spittelmarkt verlängert wurde. Diese Linie entwickelte sich zu der am stärksten frequentierten in Berlin. Dann ging es Schlag um Schlag, und der zunehmende Verkehr auf dem Potsdamer Platz faszinierte vor allem Besucher der Residenz. So ließ denn auch Theodor Fontane seinen General Poggenpuhl, der wieder einmal der Stille seines Gutes entflohen war und Berlin einen Besuch abstattete, aus dem Fenster des Hotels Fürstenhof blicken und vor sich hin reden:

»... offen gestanden, ich ziehe den Potsdamer Platz

vor, weil da das meiste Leben ist. Und Leben ist nun mal das Beste, was eine große Stadt hat. ... und wenn ich mich morgens da ins Fenster lege, links und rechts ein Sofakissen unterm Arm, und die frische Winterluft kommt so vom Halleschen Tor her ... und ich habe dann so Café Bellevue und Josty vor mir, Josty mit dem Glasvorbau, wo sie schon von früh an sitzen und Zeitung lesen, und die Pferdebahnen und Omnibusse kommen von allen Seiten heran, und es sieht aus, als ob sie jeden Augenblick ineinander fahren wollten, und die Blumenmädchen dazwischen ... und in all dem Lärm und Wirrwarr werden dann mit einemmal Extrablätter ausgerufen – ja Kinder, wenn ich das so vor mir habe, da wird mir wohl, da weiß ich, daß ich mal wieder unter Menschen bin, und darauf mag ich nicht gern verzichten.«

Der schnelle Ausbau des Pferdebahnnetzes in der Innenstadt und in den Vororten des Westens erhob den Potsdamer Platz mit den begehrten Anlaufpunkten Potsdamer und Anhalter, Wannsee- und Ringbahnhof zum wichtigsten Verkehrsknotenpunkt Berlins. Um 1895 gab es nirgendwo in der Stadt eine Stelle, wo wie auf dem Potsdamer Platz in jeder Stunde am Tage 244 Pferdebahnwagen nach allen Richtungen fuhren. Die Elektrifizierung der Straßenbahn kam in diesem Gebiet erst um 1900 richtig in Gang, aber schon am 21. August 1902 fuhr die letzte Pferdebahn im Innern der Stadt von der Großgörschenstraße über den Potsdamer Platz zum Wedding. Zwei Jahre später überquerten den Platz bereits 34 Straßenbahnlinien, außerdem noch sechs Pferdebuslinien. Der starke Droschkenverkehr vervollständigt das Bild. Im Hochsommer, der »Hauptsaison«, gingen oder kamen im Durchschnitt täglich vom bzw. zum Potsdamer Bahnhof 343 Droschken, vom bzw. zum Anhalter Bahnhof sogar 361.

Doch auch unter der Erde rumorte es bereits. Ungewohnt war für die Berliner solch eine Art von

*Rest der Akzisemauer an der Einmündung der Prinz-Albrecht-Straße. Der Ring dieser letzten Berliner »Stadtmauer«, die zuerst teilweise aus Holzpalisaden bestand, hatte sich bis 1737 um die Stadt geschlossen. Eins ihrer ursprünglich 15 Stadttore war das Potsdamer Tor. Der Abbruch der Anlage begann im Jahre 1867.*
*Otto Hasselkampf, 1901*

Baugeschehen: Straßen wurden metertief aufgegraben, um der »Unterpflasterbahn« einen Tunnel zu schaffen, und der erste Bahnhof unter der Erde in Berlin war der neben dem Potsdamer Bahnhof. So hatte dieser von Beginn an Anschluß an die erste Hoch- und Untergrundbahnlinie von der Warschauer Brücke bis zum Bahnhof Knie, die im Jahre 1902 eröffnet wurde.

Fontanes alter Poggenpuhl hat aus seinem Hotelfenster noch eine Besonderheit des Viertels um den Potsdamer Platz entdeckt: Cafés, Weinstuben und Restaurants, von denen es außer Bellevue und Josty noch viele andere gab. Und auf welch illustre Gäste konnte man bei einem Bummel stoßen. Auf den Maler Anton von Werner (1843-1915) etwa, auf Begas und Kaulbach. Sie alle wohnten hier in dieser Gegend. In fast allen Legenden und Erinnerungen über dieses Viertel taucht der berühmte Adolf Menzel (1815-1905) auf, der sich — mitunter beidhändig malend und zeichnend, sagt man — in die erste Reihe der Berliner Malergarde gearbeitet hatte und sich in allen Bevölkerungskreisen großer Beliebtheit erfreute. Der Bankier Carl Fürstenberg, der diesen kleinen großen Mann vor seiner Villa in der Victoriastraße oft genug beobachtete, schildert sein Auftreten:

»Noch gegen die Jahrhundertwende bildete eine kleine Exzellenz mit dem großen interessanten Haupt, das ein kleiner runder Bart umrahmte, ein Merkzeichen des Berliner Westens, wo er täglich zu einer bestimmten Stunde von der Margarethenstraße durch die Victoriastraße bis zum Tiergarten zu wandern pflegte.«

Andere Chronisten sahen ihn bei den verschiedenen Gastwirten als Stammgast, so etwa allabendlich in der Weinstube von Frederich in der Potsdamer Straße 12, wo der Wirt extra einen Garderobenhaken so angebracht haben soll, daß er für den großen Meister aufgrund seines zierlichen Wuchses noch erreichbar war. Oder etwa in dem im Jahre

1871 an der Linkstraße entstandenen Weinhaus Huth, wo auch Heinrich Seidel (1842-1906) verkehrte, der als Ingenieur mit einer eigenwilligen Hallendachkonstruktion für den Anhalter Bahnhof ebenso bekannt geworden war, wie mit seinen »Vorstadtgeschichten« (1880) oder der Erzählung »Leberecht Hühnchen« (1882); auch Gustav Freytag soll hier oft zu Gast gewesen sein.

Nicht selten sah er hier aber auch Theodor Fontane (1819-1898), der seit 1873 bis zu seinem Tode in der Potsdamer Straße 134c sein Domizil aufgeschlagen hatte. Als Journalist und Schriftsteller war er schon weitbekannt, aber seine bedeutenden gesellschaftskritischen Romane schrieb er hier in dieser Umgebung, Menschen, Dinge und Ereignisse kritisch beobachtend. Kein Wunder, daß in mehreren seiner realistischen Erzählungen die Gegend des Potsdamer Platzes als Hintergrund der Handlungen seiner Helden erscheint. Bis ins Detail nacherlebbar ist zum Beispiel die Beschreibung des Wochenmarktes, der sich nun auch ein Randstück

*Der Potsdamer Platz erhält Anschluß an die 1902 eröffnete erste Berliner Untergrund- und Hochbahnstrecke. Tunnelarbeiten neben dem Bahnhofsgebäude. Im Hintergrund erkennt man Häuser der Königgrätzer Straße. Anonym, 1901*

*Frederichs Hotel in der
Potsdamer Straße 12, eins der
beliebtesten Weinlokale in
dieser Gegend. Hier waren
auch Theodor Fontane und
Adolf Menzel Stammgäste.
Hugo Rudolphy, um 1890*

Konditorei Telschow am
Potsdamer Platz. Da an dieser
Stelle der Bierpalast des
Pschorr-Bräu-Hauses entstehen
soll, plakatiert Telschow seinen
Umzug in das Nachbarhaus.
Links blickt man in die

Königgrätzer Straße, rechts
erkennt man die Einmündung
der Potsdamer Straße.
Hugo Rudolphy, 1909

*Die Nordseite des Potsdamer*
*Platzes. Sie wird durch die*
*Häusergruppe zwischen der*
*Königgrätzer Straße und dem*
*Leipziger Tor mit dem*
*Palasthotel begrenzt.*
*Friedrich Ferdinand Albert*
*Schwartz, 1890*

Blick auf die nördliche
Randbebauung des Potsdamer
Platzes. Von links nach rechts
Café Josty und die Bellevuestraße, das von Ludwig Heim
1887/88 erbaute Hotel Bellevue
und die Königgrätzer Straße,
daneben das von Ludwig Heim
1892/93 umgebaute und
erweiterte Palasthotel.
Max Missmann, 1910

Folgende Doppelseite:
Links zwischen den beiden
Torhäuschen die Leipziger
Straße. Rechts der Blick in die
Königgrätzer Straße vom
Potsdamer Platz nach Süden
zeigt links den Neubau des

Hotels Fürstenhof. Am Ende
der Häusergruppe vor dem
Garten des Prinz-Albrecht-
Palais ist das Völkerkunde-
museum zu sehen.
Max Missmann, 1907

Prinz-Albrecht-Straße. Blick auf
das Kunstgewerbemuseum, das
1872 bis 1881 nach Plänen von
Martin Gropius und Heino
Schmieden entstand (»Martin-
Gropius-Bau«). Daneben
steht das 1902 bis 1905 erbaute

Gebäude der Kunstgewerbe-
bibliothek.
Max Missmann, 1907

des Potsdamer Platzes erobert hatte, in seinem Roman »Cécile« (1885):

»... der, wie gewöhnlich, an dieser Stelle zwischen Straßendamm und Häuserfront abgehalten wurde. Hier saßen die Marktfrauen in einer Art Defilee 'gekeilt in fürchterlicher Enge'. ... Weithin standen Himbeertienen am Trottoir entlang, nur unterbrochen durch hohe, kiepenartige Körbe, daraus die Besinge blauschwarz und zum Zeichen ihrer Frische noch mit einem Anfluge von Flaum hervorlugten. In Front aber, und zwar als besondere Prachtstücke prangten unförmige verspätete Riesenerdbeeren auf Schachtel- und Kistendeckeln, und dazwischen lagen Kornblumen und Mohn in ganzen Bündeln, auch Goldlack und Vergißmeinnicht, samt langen Bastfäden, um wenn es gewünscht werden sollte, die Blumen in einen Strauß zusammenzubinden«.

Bei einem so schnellen Bevölkerungswachstum und der sprunghaft wachsenden Zahl von Reisenden, vor allem Touristen, stellte sich auch die Frage nach ihrer Bewirtung immer wieder aufs Neue. Im Jahre 1883 war das Gebiet zwischen Tiergartenstraße, Landwehrkanal, Bendlerstraße und Potsdamer Platz mit 92 Restaurants, 10 Destillen, 13 Wiener Cafés und Konditoreien und 36 Schankwirtschaften schon recht gut ausgestattet. Bekannte Namen finden sich in der Liste: Das 1880 aus der Innenstadt übergesiedelte Café Josty, Frederich und Aschinger in der Potsdamer Straße, Fürstenberg am Askanischen Platz, Telschow am Potsdamer Platz und Westphal in der Königgrätzer Straße und ... und ... Die um die Jahrhundertwende entstandenen Nobelhotels warteten natürlich alle mit gut ausgestatteten Restaurants und luxuriösen Cafés auf.

Darüber hinaus gebar die Zeit um 1900 auch auf diesem Gebiet Neues: Die großen Bier- und Weinhäuser des Bewirtungsgewerbes mit ganz neuen Dimensionen, sozusagen Palästen des Massenbe-

darfs. Nacheinander entstanden zwischen 1901 und 1912 das Münchner Königliche Hofbräuhaus, Potsdamer Straße 127/28, das Alt-Bayern, Potsdamer Straße 10/11, das Weinhaus Rheingold, Potsdamer Straße 3, Bellevuestraße 19/20, das Bierhaus Siechen, Potsdamer Platz 3, und das Weinhaus Huth, Potsdamer Straße 139, Linkstraße 45. Der Bierpalast in Monumentalform »Alt-Bayern«, den der Architekt Wilhelm Walther (1857-1917) der staunenden Öffentlichkeit offerierte, dokumentierte sinnfällig, wie kulturvoll man auch Bier trinken konnte. Die zahlreichen Gastzimmer, Säle und Höfe (hat sie je einer gezählt?) waren mit allen Raffinessen gestaltet, die Romanik, Gotik, Renaissance und Barock aufzubieten hatten. Die reich gestaltete Innenarchitektur bot edelstes Material, Fliesen, Marmor, edle Hölzer, Stuckdecken vergoldet und versilbert, Keramik- und Glasmosaiken; und von Fassaden, Gemälden und aus Nischen schienen dem Biertrinker deutsche Fürsten, Könige und Kaiser, Kirchenheilige und Künstler zuzunicken und – Kaiser Wilhelm II. in Öl.

Auch das »Haus Potsdam«, nach Entwürfen von Franz Schwechten 1911/12 an der Königgrätzer Straße zwischen Köthener Straße und Potsdamer Bahnhof errichtet, reckte seine Gaststätten, das Kino, die Büros, vor allem aber die zwei Stockwerke seines Cafés Picadilly so richtig in Positur. Von der Ausstattung her genau so luxuriös, aber weniger patriotisch wie »Alt-Bayern«, mußte das Café bei Ausbruch des Ersten Weltkrieges seinen undeutschen Namen, der angeblich das Nationalgefühl verletzte, ablegen und hieß seitdem »Café Vaterland«. So boten der Potsdamer Platz und seine Umgebung auch in dieser Hinsicht nach der Jahrhundertwende Gewaltiges.

Einen Platz, der stark belebtes Verbindungsglied zwischen der alten Stadt und den neuen Stadtteilen war, Mittelpunkt eines Kaiserreiches, flankiert von zwei Weltbahnhöfen, Mittelpunkt zahlreicher

Sehenswürdigkeiten, ist wie vom Schicksal dazu vorbestimmt, auch Zentrum der Fremdenbeherbergung zu werden. Ansätze dazu waren schon zu erkennen, als er noch in seiner Randlage Berliner und Fremde anzog, die naturverbunden Vorstadtidylle,»Gottes freie Natur«, für länger als einen Tag genießen wollten. Im Adreßbuch von 1836 waren für das Viertel um den Potsdamer Platz zwölf Gastwirte, Hoteliers und Pensionsbesitzer verzeichnet. Bis zum Jahre 1883 hatte sich das Bild grundlegend verändert. Jetzt gab es hier schon zwölf wirkliche Hotels, davon mehrere mit internationalem Niveau wie Hotel Fürstenhof am Leipziger Platz 2, Hotel du Parc an der Königgrätzer Straße 11, das Hotel Askanischer Hof in der Königgrätzer Straße 21, das Westendhotel in der Königgrätzer Straße 23, das Hotel Gericke in der

Bahnhofstraße 3 oder Hotel Sanssouci in der Linkstraße 12. Doch die wachsende Großstadt mit ihrem steigenden Fremdenverkehr stellte immer höhere Ansprüche.

Neue große Hotels, die Mehrzahl im Stile des sich ausbildenden Typus des großstädtischen Luxushotels, entstanden − wie in anderen Teilen Berlins − gerade in der Umgebung des Potsdamer Tores; am Potsdamer Platz 1887/88 das Bellevue- und 1892/93 das Palasthotel; in der Bellevuestraße 1907/08 das Hotel Esplanade; in der Königgrätzer Straße und am Leipziger Platz 1906/07 Hotel Fürstenhof und in der Königgrätzer Straße 1908 das Hotel Exzelsior.

Natürlich entstanden in jenem halben Jahrhundert, das den Potsdamer Platz so richtig berühmt in der Welt machte, nicht nur Bahnhöfe, neue Wohn-

Das Völkerkundemuseum
Königgrätzer Straße / Ecke
Prinz-Albrecht-Straße wurde
1881 bis 1885 durch
Ende & Kluthmann erbaut.
Links daneben stehen das

Kunstgewerbemuseum und die
Kunstgewerbebibliothek.
Max Missmann, 1907

63

paläste, Hotels, Bier-, Wein- und Kaffeehäuser. Der Fiskus ließ einige Bauten errichten, die sich in die Vielfältigkeit der Funktionen jenes Territoriums, aber auch in seine Architektur bestimmend mit einfügten. Da entstand 1872 bis 1881 nach Plänen von Gropius & Schmieden das Kunstgewerbemuseum, ein Bauwerk der jüngeren Schinkelschule in palazzoartiger Form. Reich ausgestattet wollte es nicht nur vom Inhalt, sondern auch von der Architektur her alle kunsthandwerklichen Techniken und zugleich die zeitgenössischen technischen Möglichkeiten demonstrieren. Unmittelbar daneben entstand 1880 bis 1886 nach Plänen von Hermann Ende der mächtige Rundbau des Museums für Völkerkunde und 1901 bis 1905 zur Wilhelmstraße hin die Unterrichtsanstalt der Kunstgewerbeschule.

Maßgeblich mitbestimmend wurde das architektonische Antlitz der Umgebung des Potsdamer und Leipziger Platzes auch durch die zwei Neubauten des Preußischen Landtages, denen der Architekt Friedrich Schulze Gestalt gegeben hat. Gegenüber dem Kunstgewerbemuseum entstand 1892 bis 1898 das Preußische Abgeordnetenhaus, und zwischen diesen Gebäuden legte man als Verbindung zur Königgrätzer Straße die Prinz-Albrecht-Straße an. Hinter dem preußischen Parlament wuchs bis 1904 das neue Herrenhaus mit seiner gewaltigen Front zur Leipziger Straße empor.

So hatte sich alles in allem die Entwicklung des Potsdamer Platzes ins Überdimensionale entwickelt. Als relativ unbedeutender Randplatz der königlichen Residenz war er in das 19. Jahrhundert eingetreten. Der Aufstieg Berlins zur Weltstadt fand in der Geschichte des Platzes seine Widerspiegelung. So hat er als zentraler Platz eines immens gewachsenen Stadtkörpers, als Verbindungsglied zwischen dem alten und neuen Berlin und als Tor dieser Stadt zum übrigen Deutschland, ja, ein bißchen auch zur Welt, den Übergang in das zwanzigste Jahrhundert vollzogen.

## VON KRIEG ZU KRIEG

Erster Weltkrieg, Nachkriegskrise und Inflationszeit dämpften das turbulente Leben und Treiben um den Potsdamer Platz. Natürlich blieb er Verkehrszentrum der Hauptstadt, und mit der Bildung der Einheitsgemeinde Groß-Berlin am 1. Oktober 1920 rückte er nun auch verwaltungsmäßig vom Rande der Stadt her in ihr Zentrum. Doch das Weltstädtische, die unaufhörliche Bewegung fehlten in diesen Jahren. Die wirtschaftliche Depression war auch hier stärker zu spüren. Doch schon vor der Mitte des Jahrzehnts begann eine Aufschwungphase, die als die »Goldenen zwanziger Jahre« in die Geschichte einging. Auch wer von diesem Gold nicht allzu viel abbekam, der konnte sich am Potsdamer Platz in dessen Glanz bewegen, und sei es nur als Zaungast.

*Der Potsdamer Platz.*
*Nordseite mit Hotel Bellevue,*
*Königgrätzer Straße*
*und Palasthotel.*
*Fotopostkarte, teilkoloriert,*
*um 1905*

Potsdam Square.   Potsdamerplatz.   Place de Potsdam.

*Der Potsdamer Platz.*
*Blatt aus dem »Album von*
*Berlin Charlottenburg und*
*Potsdam«,*
*um 1900*

*Der Potsdamer Platz.*
*Ansichten vom Potsdamer*
*Bahnhof, Café Josty und die*
*Leipziger Straße.*
*Farblithografie (Postkarte),*
*um 1900*

67

Potsdamer Platz.   Berlin.

Der Potsdamer Platz.
Fotopostkarte, teilkoloriert,
um 1900

Berlin.     Potsdamerplatz.     216.

*Der Potsdamer Platz.*
*Fotopostkarte, teilkoloriert,*
*um 1910*

69

Der Potsdamer Platz.
Kolorierte Fotopostkarte und
die schwarzweiße Vorlage,
um 1930

BERLIN – Der alte Potsdamer Platz

Berlin. Potsdamer Platz

*Der Potsdamer Platz.*
*Fotopostkarte, teilkoloriert,*
*um 1938*

*Der Potsdamer Platz.
Nachkolorierter Sonderdruck
»nach einer Naturfarb-
aufnahme«, um 1938*

Der Leipziger und der
Potsdamer Platz aus der
Vogelperspektive zeigen ein
reges Verkehrstreiben.
Die Randbebauung vom
linken Torhäuschen aus in
Uhrzeigerrichtung: Hotel
Fürstenhof, verdeckt die König-
grätzer Straße, der Potsdamer
Bahnhof, das Pschorr-Bräu-
Haus mit Konditorei Telschow,
die Potsdamer Straße, Café
Josty, Bellevuestraße, Hotel
Bellevue, Königgrätzer Straße,
Palasthotel, rechtes Torhaus,
Leipziger Straße.
Aero Lloyd Luftbild, 1919

73

*Blick auf den Potsdamer
Platz während des
Verkehrsstreiks 1919.
Pferdegespanne und -fuhrwerke
befördern die Angestellten.
Anonym, 1919*

Durch Traditionen und Funktionen unlösbar mit dem sich immer mehr zum Geschäfts-, Regierungs- und Kulturviertel entwickelnden alten Zentrum verbunden, fand der Potsdamer Platz jetzt sein Hinterland im »vornehmen Westen«, im Kurfürstendamm, in der Tauentzien- und Joachimsthaler Straße; und die »Flucht« der Reichen nach Grunewald und Wannsee nahm »Massen«charakter an. Dafür verwandelten sich Teile des einstigen »Millionärsviertels« zum Wohn- und Wirkungsfeld der internationalen Diplomatie.

Am Potsdamer Platz wurde das Leben in dieser Zeit wieder hastiger, turbulenter, ausschweifender, und das Vergnügungs- und Tourismusgewerbe er-

*Mobilisierung der Jugend zum Kampf gegen die Weimarer Republik: Werbebüro des Freikorps Hülsen im »Haus Vaterland«.*
*Willy Römer, 1919*

*Lernen für die Demokratie: Schulungslehrgang für Berliner Betriebsräte im Preußischen Abgeordnetenhaus.*
*W. Gircke, 1919*

75

Die Bahnanlagen der
Potsdamer und Anhalter
Eisenbahn. Oben links ist der
Tiergarten. Anschließend fast
in der Mitte des Bildes sind der
Potsdamer Bahnhof sowie der
Potsdamer und Leipziger Platz
zu erkennen. Oben in der

Bildmitte der Anhalter
Bahnhof mit dem Askanischen
Platz. Vom Brandenburger Tor
erkennt man die Königgrätzer
Straße, die über den Potsdamer
Platz und hinter dem Anhalter
Bahnhof zum Belle-Alliance-
Platz am oberen rechten

Bildrand führt.
Aero Lloyd Luftbild, 1919

Der Potsdamer Platz mit Sicht in die Leipziger Straße. Zur Regelung des immer unübersichtlicher werdenden Verkehrsgewühls wurde 1924 der fünfeckige Verkehrsturm mit der ersten Ampeleinrichtung in Deutschland unter dem Dach aufgestellt.
Max Missmann, 1924

*Das Kaufhaus Wertheim*
*in der Leipziger Straße am*
*Leipziger Platz*
*Anonym, um 1936*

*Blick über das Leipziger Tor auf den Potsdamer Platz und in die Potsdamer Straße. Von links nach rechts das Hotel Fürstenhof, das Pschorr-Bräu-Haus, das Café Josty und das Hotel Bellevue.*
*Max Missmann, 1927*

79

lebte große Zeiten. Das drückte sich auch in den wenigen bedeutenden Bauwerken aus, die in dieser Zeit hier entstanden. Zum Beispiel in dem noblen »Café am Tiergarten«, Bellevuestraße 11, Victoriastraße 37, das der Architekt Oskar Kaufmann (1873-1956) baute, und das 1933 den exotischen Namen »Mokka Efti« erhielt. Oder der »Fürstenberg-Bräu«, Linkstraße 3, dessen Gasträume in ländlich-bayerischer Art gestaltet waren. Am deutlichsten erkennbar waren die gestiegenen Ansprüche am Umbau von »Haus Vaterland« im Jahre 1928, damals schon im Besitze Kempinskis. Außer dem riesigen Café Vaterland im Erdgeschoß entstanden weitere Gasträume mit idyllischen Namen wie Rheinterrasse, Grinzing, Löwenbräu, Türkisches Café, Wild-West-Bar, Czardas und Mexico-Bar, deren Ausstattungen jeweils dem entsprechenden Landeskolorit angepaßt wurden. Mit insgesamt fünf Küchen, darunter die seinerzeit größte Gasküchenanlage Europas, deuten sich Umsätze an, die wohl vergeblich ihresgleichen suchten.

*Der Tanzpalast*
*des »Europahauses«*
*von außen und innen.*
*Anonym, 1931*

80

Natürlich gab es nicht nur in der Gastronomie, sondern auch auf anderen Gebieten Entwicklungen. War der Potsdamer Platz schon im Jahre 1917 Sitz der neuentstandenen Universal-Film AG (UfA) – sie zog in das Bürogebäude des »Haus Vaterland« – so finden wir etwas weiter in der Potsdamer Straße 10 das um die Jahrhundertwende erbaute Vox-Haus, von dem aus seit dem 29. Oktober 1923 die ersten Rundfunksendungen den Äther der Welt und die Gunst der Hörer eroberten.

Seinem Ruf als Geschäftszentrum machte der Potsdamer Platz in diesen Jahren ebenfalls alle Ehre. Stattliche Büro- und Verwaltungsgebäude, von denen hier nur die beiden größten genannt werden sollen, veränderten die Kulisse des Weltstadttreibens. So entstand an der Königgrätzer Straße, die nach 1925 Friedrich-Ebert-Straße, südlich davon später Stresemannstraße hieß, das Europahaus, ein Verwaltungs- und Vergnügungszentrum mit einer Straßenfront von 280 Meter Länge. Die Architekten Hans Bielenberg, Josef Moser und Otto Firle

*Oben: Ein neuer Palast für Gambrinus: Das Weinhaus Rheingold nahm den gesamten Komplex zwischen der Potsdamer Straße 3 und der Bellevuestraße 19/20 ein. Max Missmann, 1910*

*Unten: Weinhaus Rheingold im Lichte der Leuchtreklamen. Anonym, 1931*

Vergnügungspalast und
Bürohochhaus: Das 1911/12
nach Plänen von Franz
Schwechten errichtete
Mehrzweckgebäude erhielt
ursprünglich den Namen »Haus
Potsdam«, sein riesiges Café
hieß »Picadilly«. Zu Beginn des
Ersten Weltkrieges, als die
chauvinistischen Wellen hoch-
schlugen, wurde das neue
Wahrzeichen des Potsdamer
Platzes »Haus Vaterland«
getauft.
Max Missmann, 1926

82

*Das Jahrzehnt der
Leuchtreklamen fabrizierte
Großstadtlichterglanz:
Kempinski im »Haus
Vaterland«.
Anonym, um 1930*

*Am Nachmittag des 2. 7. 1934.*
*Zwei Tage nach dem Röhm-*
*Putsch hat sich das Verkehrs-*
*leben auf dem Potsdamer Platz*
*wieder normalisiert.*
*Anonym, 1934*

84

hatten dieses von zwölf bis zu drei Stockwerken ab-
gestufte Schulbeispiel der Neuen Sachlichkeit mit
modernen Bürotrakten, mehreren Gaststätten und
Cafés, einem Kino, einem Theater und dem »Tanzpalast« — ohne den ging es in den zwanziger Jahren
nicht — ausgestattet.

Derselben Schule verpflichtet, aber weniger geglie-
dert, war das 1927 direkt am Potsdamer Platz
entstandene Columbushaus des Architekten Erich
Mendelsohn (1887-1953), ein neunstöckiges Bürohochhaus, neben dem die Häuser der alten Bebauung wie Zwerge wirkten. Imposante Veränderungen des Platzes konnte man sehen, wenn es abends
dunkel wurde. Die »goldenen Zwanziger« waren
die Geburtsjahre der gleißenden, aufflackernden,
von rot zu blau und grün zu gelb oder weiß wech-
selnden Lichtreklamen; sie machten die Besucher
glauben, daß erst mit der Dunkelheit die Welt
wirklich schön wird. Turbulent und intensiv war
das Leben am Potsdamer Platz — Tag und Nacht.

*Das Hotel Bellevue mußte 1927
dem Columbushaus weichen,
einem vielumstrittenen
Verwaltungspalast von Erich
Mendelsohn, mit dem die Neue
Sachlichkeit am Potsdamer
Platz einzog.
Anonym, um 1935*

Am Askanischen Platz vor
dem Anhalter Bahnhof ent-
stand 1925 bis 1927 das
»Europahaus« als Mehrzweck-
gebäude für Verwaltung und
Kultur. Es enthielt Büros aller
Art, Läden, Restaurants und
Cafés, ein Kino, eine Klein-
kunstbühne und einen
Tanzpalast.
Max Missmann, 1931

## Zwölf Jahre des Wahns

Nach der »Machtergreifung« durch die Nationalsozialisten am 30. Januar 1933 änderte sich zunächst nicht viel am Potsdamer Platz. Das Leben pulsierte wie eh und je. Allerdings hingen jetzt überall Hakenkreuzfahnen, und immer häufiger tauchten Männer in schwarzen und braunen Uniformen auf, und in diesem geschäftigen Treiben fehlten auch schließlich nicht geheimnisvolle Gestalten in dunklen Ledermänteln. Fahrzeuge der SS und der Polizei waren gerade hier immer häufiger zu sehen. Dicht am Potsdamer Platz bauten die Nationalsozialisten die Zentrale ihres Unterdrückungsapparates auf. In die ehemalige Kunstgewerbeschule Prinz-Albrecht-Straße 8 zog Anfang Mai 1933 der Chef der Geheimen Staatspolizei (Gestapo) Rudolf Diels (später Reinhard Heydrich) ein. Hier entstand noch im selben Jahr das berüchtigte Gestapo-Gefängnis, in dem oft durch brutale Foltermethoden Geständnisse geradezu erpreßt wurden und das bald Durchgangsstation zu den Konzentrationslagern wurde. Später zog noch das Reichssicherheitshauptamt (RSHA) in dieses Gebäude ein. Reinhard Heydrich (1904-1942) leitete auch den Sicherheitsdienst des Reichsführers SS (SD). Als solcher nahm er 1934 seinen Sitz im Prinz-Albrecht-Palais in der Wilhelmstraße 102. Auch das Preußische Abgeordnetenhaus wurde zeitweilig Stätte der neuen Beherrscher des Staates. Hier tagte vom Juli 1934 bis März 1935 der berüchtigte Volksgerichtshof.

Bald spürte man, daß die nationalsozialistischen Machthaber echte Illusionisten waren und Sinn für überdimensionale Shows und für das Gigantische hatten. Die Staatsempfänge mehrten sich: Olympische Spiele, 700-Jahrfeier Berlins, Parteiaufmärsche, Parteitage in Nürnberg mit Massenanreisen auch aus Berlin – Anhalter und Potsdamer Bahn-

*Blumenmarkt vor dem Pschorr-Bräu-Haus. Im Hintergrund Haus Vaterland und der Potsdamer Bahnhof. Anonym, 1936*

hof hatten eine große Zeit, und bei all diesen Gelegenheiten prangte die »Reichshauptstadt« voller Fahnen und Spruchbänder.

Auch in der Architektur war dieser Drang zum Gigantischen erkennbar. Ganz in der Nähe entstand der sichtbarste Beweis für diese Behauptung. Das alte Reichskanzlerpalais mit dem Anbau der Reichskanzlei in der Wilhelmstraße aus den Jahren 1928 bis 1930 reichten den Großmachtansprüchen Hitlers nicht hin. Darum entwarf Albert Speer (1905-1988) einen monströsen Führerpalast von riesigen Ausmaßen, der sich stilistisch in die Reihe der spartanisch-klassizierenden Bauwerke der Nazizeit einordnete, nur daß er in seiner Strenge und Leere alles andere in den Schatten stellte. Noch vor dem Ausbruch des Zweiten Weltkrieges erlebte Hitler, der sich schon als Führer eines »neugeordneten« Europas sah, einige »erhebende« Monate in seinem neuen Palast.

Schon vorher war Albert Speer mit einem Plan zur Neugestaltung der Reichshauptstadt an die Öffentlichkeit getreten. Im Mittelpunkt stand die Berlin

Bau des Tunnels für die
Nord-Süd-S-Bahn zwischen dem
Potsdamer Platz und dem
Brandenburger Tor. Auf diesem
Streckenabschnitt wurden am
20. August 1935 zahlreiche
Bauarbeiter verschüttet, 19
konnten nur tot geborgen
werden. Der Tiergarten links
der Hermann-Göring-Straße,
rechts die Gärten der
Regierungsgebäude in der
Wilhelmstraße.
Anonym, 1936

Abgedeckte Baugrube des
Tunnels für die Nord-
Süd-S-Bahn hinter dem
Potsdamer Platz. Von 1933
bis 1939 dauerten die Haupt-
arbeiten für diese Trasse, die
mitten durch die Großstadt

führte, den Landwehrkanal
und die Spree querte.
Anonym, 1936

wenig westlich vom Brandenburger Tor und Potsdamer Platz durchschneidende Nord-Süd-Achse, die von einem neuen Nordbahnhof im Bereich der Ringbahn zu einem Südbahnhof neben dem Tempelhofer Flugplatz führte, mit einer »Volkshalle« für eine Million Menschen, einem Triumphbogen und riesigen Verwaltungspalästen für Regierung, Partei und Armee bebaut war. Der Potsdamer Platz wäre durch einen neuen »Runden Platz« südwestlich von ihm dem Veröden preisgegeben. Die beiden traditionellen Bahnhöfe am Potsdamer und Askanischen Platz wären durch einen unter der Nord-Süd-Achse verlaufenden Tunnel für den Bahnverkehr überflüssig geworden.

Eins der vielen Projekte, die nie verwirklicht wurden? Nicht ganz. Noch in den ersten Kriegsjahren begann man mit den Bauarbeiten. Vermessungsarbeiten wurden durchgeführt, alte Bausubstanz beseitigt, Baugruben ausgehoben, erste Neubauten begonnen. Der Runde Platz südwestlich des Potsdamer Platzes erhielt schon Konturen. Doch alles

*In Erwartung der Gäste: Platz vor dem Potsdamer Bahnhof vor dem Beginn der Olympischen Spiele. Anonym, 1936*

weitere verhinderte die eigene Politik, die zum Krieg geführt hatte.

Ein bescheideneres, aber brauchbareres Projekt wurde dagegen verwirklicht. Im Mai 1933 hatte man die neben dem Potsdamer Bahngelände fahrende Wannseebahn elektrifiziert. Zugleich griff man jene Pläne aus der Zeit vor dem Ersten Weltkrieg auf, die die am Stettiner Bahnhof endenden und nach Norden fahrenden Vorortzüge mit den am Potsdamer Platz aus Süden kommenden durch eine Bahnverbindung zusammenführen wollten. Im Mai 1933 begannen die Ausschachtungsarbeiten für den durch die Innenstadt führenden Tunnel. Am 20. August 1935 wurden die Arbeiten durch ein tragisches Unglück unterbrochen: zwischen Brandenburger Tor und Potsdamer Platz brachen die Tunnelwände ein, und von den Verschütteten konnten 19 Arbeiter nur noch tot geborgen werden. Jahrelang zogen sich die zum Teil komplizierten Arbeiten hin. Spree und Landwehrkanal mußten untertunnelt werden. Der Potsdamer Platz erhielt seinen Bahnhof und ein Zwischengeschoß mit Zugängen zur Nord-Süd-Bahn, zum Potsdamer Bahnhof und zur U-Bahn, und dies, ohne daß der Verkehrsbetrieb wesentlich eingeschränkt werden mußte. Am 9. Oktober 1939 wurde der letzte Abschnitt zwischen Potsdamer Bahnhof und Anhalter Bahnhof eröffnet. Über die Nord-Süd-Bahn war nun der durchgängige Vorortverkehr möglich, ohne daß der Reisende umsteigen mußte.

*Das Ende des »grandiosen Aufbauplanes« von Albert Speer: Ein Neubau der Nord-Süd-Achse im Bereich der*

*Potsdamer Straße nach den Verwüstungen während des Zweiten Weltkrieges.*
*A. Vennemann, 1948*

*Die Leipziger Straße
im Juli 1945.
Jindřich Marco, 1945*

## IN SCHUTT UND ASCHE ...

Die »Friedenspläne« des nationalsozialistischen Regimes hat der Potsdamer Platz selbst unbeschädigt überstanden. Aber der Krieg, den die Machthaber des Dritten Reiches mit dem Ziel der »Neuordnung Europas« und der Weltherrschaft vom Zaune brachen, zog ihn stark in Mitleidenschaft. Während der zahlreichen Luftangriffe auf Berlin fielen seit 1941 hier und da einzelne Bomben, die bereits dieses und jenes Haus im Bereich des Potsdamer Platzes zerstörten oder beschädig-

ten. Aber als im November 1943 die Flächenbombardierungen einsetzten, wurden die Schäden von Mal zu Mal umfangreicher. Im Januar und Februar, vor allem aber im April und Mai 1944 war das Regierungsviertel Ziel schwerer Bombardements. Der Potsdamer und Leipziger Platz erlitten jetzt Schäden von katastrophalem Ausmaß. Einer der schwersten Großangriffe der USAAF mit 937 Flugzeugen am 3. Februar 1945 vernichtete innerhalb von nur eineinhalb Stunden den Leipziger und Potsdamer Platz fast vollständig. Als Amerikaner und Briten am 21. April 1945 die Bombardierung Berlins einstellten, gab es in die-

*Die Kurfürstenstraße (heute: Stresemannstraße) im Juli 1945. Jindřich Marco, 1945*

sem Bereich fast kein unbeschädigtes Haus. Doch die Angriffe wurden nur beendet, weil die verbündete Rote Armee Berlin erreicht hatte. Die faschistischen Machthaber ließen den irrwitzigen Widerstand fortsetzen. Einheiten der Waffen-SS, der Wehrmacht und des Volkssturmes verteidigten verbissen die letzten Stellungen um die Neue Reichskanzlei mit dem Führerbunker. Selbst nachdem sich mehrere Nazigrößen durch Selbstmord der Verantwortung entzogen hatten, mußte der Kampf fortgesetzt werden. Tagelange Artilleriebombardements, Flugzeugangriffe und der ständige Beschuß mit panzerbrechenden Infanteriewaffen ließen die

ohnehin kläglichen Reste des einst so gepflegten Doppelplatzes und der ihn umgebenden Straßen im Herzen Berlins in Schutt und Asche versinken. Bereits am 28. April drangen sowjetische Armeeeinheiten bis an den Landwehrkanal vor. Schwere Kämpfe fanden um die Potsdamer Brücke statt, und am 30. April besetzten sowjetische Vorausabteilungen Teile des Potsdamer Platzes.

Am 2. Mai wurden auch hier die Kämpfe beendet. Bald nach Mitternacht sandte der deutsche Befehlshaber dieses Kampfabschnittes folgenden Funkspruch:

»Hallo, Hallo! Hier spricht das 56. Panzerkorps.

*Wo einst Welteroberungspläne geschmiedet wurden: Auf dem Hof der Neuen Reichskanzlei, ein Rundturm des Führerbunkers.*
*Anonym, 1945*

*Rechts: Räume des ehemaligen »Führerbunker«.*
*Detlev Konnerth, 15.8.1990*

Wir bitten um Feuereinstellung. Um null Uhr fünfzig Berliner Zeit schicken wir Parlamentäre zur Potsdamer Brücke.«

Der Krieg war auch hier zu Ende, aber eben »fünf Minuten nach Zwölf«: Nicht nur für viele Menschen, auch für den Potsdamer und Leipziger Platz kam diese Entscheidung viel zu spät. Ein unübersehbares Trümmermeer hat der unbezähmbare Welteroberungswahn gerade hier, im einst so stolzen, lebensprühenden Zentrum der Stadt hinterlassen.

*Die Potsdamer Straße
im Juli 1945.
Jindřich Marco, 1945*

*Folgende Doppelseite: Links das
Leipziger Tor, daneben das
Pschorr-Bräuhaus.
O. Hagemann, 1947*

*Markierung des Grenzverlaufs zwischen sowjetischem und britischem Sektor am*

*Potsdamer Platz.*
*Henry Ries, 21.8.1948*

## AUFERSTEHUNG ODER UNTERGANG?

Viele Heimkehrer fanden »ihr« Berlin so trostlos, so deprimierend vor wie der Dramatiker und Schriftsteller Günther Weisenborn (1902-1969). Als Widerstandskämpfer in die Todeszelle des Zuchthauses Luckau verbannt und dort von sowjetischen Soldaten befreit, kehrte er bald in die Stadt seines einstigen Wirkens zurück. Ratlos stand er an der Wilhelmstraße, blickte über den Tiergarten, zum Potsdamer Platz und in Richtung Westen. In seinen »Aufzeichnungen eines Außenseiters – Der gespaltene Himmel« erinnert er sich seiner Gefühle:

»Als ich in die Stadt kam, die ich seit Jahren nicht gesehen hatte, blieb ich stehen. Die riesige Stadt war wie ein grauer Gigant in die Knie gegangen, die Dächer lagen im Parterre, ein Wald von Ruinen umgab den Wandernden. ... Aus Fensterhöhlen und verödeten Hausmauern wehten gespensterweiß und mit kleinen trägen Bäuchen Gardinenreste. Oder man blickte in drei übereinanderliegende Wohnungen, vor denen die Mauer gefallen war. ... Das Erstaunlichste aber war die Stille. Die Millionen Menschen dieser Stadt schliefen oder bewegten sich leise wie Mäuse, farblos und mißtrauisch. Man konnte weit sehen. Der Tiergarten in seiner ganzen Weite war kahl und ausgebrannt. Zertrümmerte Könige aus Stein lagen in der 'Gipsallee'. Andere Denkmäler standen possenhaft verstümmelt im Mittagslicht. Ab und zu fiel in den Straßen eine Ruinenmauer um. Vom Brandenburger Tor bis zum Lützowplatz ging der Blick über eine hüglige Wüstenlandschaft, und der Wind schleppte Schleier aus braunem, in der Sonne violett aufleuchtenden Ziegelstaub zusammengesunkener Mietskasernen und zerfallener Bankpaläste in den Tiergarten. ... Man kaute den Staub, der einst eine festgefügte Stadt war, man kaute ein bißchen Friedrichstraße

oder Anhalter Bahnhof, denn der Wind war der einzige, der in Berlin freie Bahn hatte.«

Trotzdem schien es so, als würde man einen Ausweg finden, der konfliktlos aus der Agonie führen könnte. Am 17. Mai 1945 wurde von der sowjetischen Besatzungsmacht ein demokratischer Magistrat unter Dr. Arthur Werner eingesetzt. Daß der bewährte Architekt Hans Scharoun (1893-1972) Stadtrat für Bau- und Wohnungswesen wurde, ließ für den Potsdamer Platz das Beste hoffen. Bereits im August wurden erste Ergebnisse von Arbeiten für die städtebauliche Entwicklung Berlins in der Ausstellung »Berlin plant« der Öffentlichkeit vorgestellt. Denn Berlin sollte eins bleiben, trotz der Viermächteverwaltung, die sich im Einmarsch von Besatzungstruppen der drei westlichen Alliierten seit dem 4. Juli und dem Arbeitsbeginn der interalliierten Militärkommandantur für Berlin am 7. Juli nach außen sichtbar zeigte.

Der Potsdamer Platz war dadurch zu einer Art

»Dreiländereck« geworden. Hier grenzten seit je die Bezirke Mitte (sowjetischer Sektor), Tiergarten

*Potsdamer Platz, rechts das
Columbushaus und Reste der
Schinkelschen Torhäuschen.
Kappelhöfer, März 1946*

(britischer Sektor) und Kreuzberg (amerikanischer Sektor) aneinander. So hatte er seine Chance, die ihm von jeher angeborene Rolle als verbindendes Element zwischen den Teilen Berlins wieder zu spielen. Doch dazu fehlten die baulichen Voraussetzungen. Denn von den fünfzig Gebäuden des unmittelbaren Platzbereiches waren nur zwölf soweit erhalten, daß man sie mit gewissem Aufwand in funktionsfähigen Zustand versetzen konnte. Nach und nach etablierten sich einige Einzelhändler, Kinobesitzer und alle jene, die von sektorenüberschreitenden Geschäften leben wollten.

Vor allem aber bemächtigte sich der Schwarze Markt dieses günstigen Terrains, wo man Razzien in einem Sektor durch wenige Schritte in zwei andere Sektoren ausweichen konnte. Bald beherrschte den Platz ein Genre, das für ihn früher nicht typisch war. Ein »quirliges Gemisch aus Schiebern, Schwarzhändlern, Nutten und Kriminellen« beherrschte die Szenerie. Spektakuläre Einsätze von Stadt- und Militärpolizei waren an der Tagesordnung.

Die gemeinsame Verwaltung der Stadt konnte sich nur in Abhängigkeit von der großen Politik entwickeln. Und da standen die Aussichten für den Potsdamer Platz äußerst schlecht. Die grundsätzlich antagonistischen Vorstellungen der führenden Politiker der drei Westmächte und der Sowjetunion über die zu verfolgende internationale Politik nach dem Zweiten Weltkrieg führten zu ständigen Konflikten zwischen Ost und West. Der Kalte Krieg kulminierte in der Luftbrücke, der Spaltung Berlins und der Gründung zweier selbständiger deutscher Staaten. Jetzt rief es schon politische Spannungen hervor, als am 12. August 1948 sowjetische Militärangehörige Schwarzmarkthändler während einer Razzia einige Dutzend Meter weit in den amerikanischen und britischen Sektor verfolgten, daß Gewalt angewendet wurde und auch einige Schüsse fielen. Die Sektorengrenze am Potsdamer Platz wurde nun durch Stacheldrahtverhaue, an anderen Stellen durch Leuchtfarbenlinien auf dem Asphalt markiert. Das ließ schon ahnen, wohin die Entwicklung zielte.

Unter den Bedingungen der politisch-administrativen Teilung kam es zu keiner gemeinsamen städtebaulichen Planung mehr. Das einstige Zentrum Berlins, der Potsdamer mit dem Leipziger Platz, war für die kommunalen Behörden beider Stadtteile zur unaktuellen Randerscheinung geworden. Gedanken dazu schob man vor sich her, verbannte sie in die ferne Zukunft. Aber im Jahr 1953 rückte er noch einmal in den Mittelpunkt des Geschehens. Das zurückgebliebene Entwicklungstempo in der DDR gegenüber Westdeutschland und Westberlin war immer sichtbarer geworden. Als in Ostberlin Preissteigerungen und Normerhöhungen durchgesetzt werden sollten, kam es am 16. Juni auf den Baustellen der Stalinallee (Karl-Marx-Allee) zu ersten Streiks und zu einer Demonstration. Von Anfang an hatte die Volksbewegung auch politischen Charakter, richtete sich zum Teil gegen die sich deutlich verstärkenden administrativen Praktiken des sich durchsetzenden stalinistischen Systems.

Einen Tag später formierte sich ein Demonstrationszug Tausender von Bauarbeitern und Arbeitern aus mehreren Großbetrieben. Er führte zum Haus der Ministerien in der Leipziger Straße, und über den Potsdamer Platz kamen ihnen andere Demonstranten entgegen, zum großen Teil aus Westberlin. An manchen Stellen der Stadt begannen sich bürgerkriegsähnliche Zustände zu entwickeln und die Bewegung griff auf andere Ortschaften in der DDR über. Das Columbushaus, die Ruine des »Haus Vaterland« und Kioske auf dem Potsdamer Platz gingen in Flammen auf, Läden der Leipziger Straße wurden geplündert. Dann rollten sowjetische Panzer über Leipziger und Wilhelmstraße in Richtung Potsdamer Platz und setzten den um 13.00 Uhr ausgerufenen Ausnahmezustand durch.

*Seite 102: Der Potsdamer Platz
im Blickpunkt des Geschehens
am 17. Juni 1953. Der Koloss
des Columbushauses, im
Zweiten Weltkrieg halb ausgebrannt, wird erneut ein
Opfer der Flammen.
Zentralbild, 1953*

*Der Leipziger Platz und die
Leipziger Straße am 17. Juni
1953. Sowjetische Panzer stellen
die »Ordnung« der in Not
geratenen SED-Regierung
wieder her. Links der Leipziger
Straße im Hintergrund der
ausgebrannte Wertheim-Bau,*

*rechts das ehemalige
Herrenhaus.
Zentralbild, 1953*

*Das Columbushaus vom Kemperplatz aus gesehen. B. Sass, 11.4.1956*

*Der Potsdamer Bahnhof. I. Lommatzsch, um 1957*

*Grenze nach Ost-Berlin am Potsdamer Platz, im Hintergrund die Leipziger Straße mit einer Bretterzaunsperre, links die Ruine des Kaufhaus Wertheim. Gert Schütz, 6.8.1956*

So hatte sich der Potsdamer Platz in das städtische Geschehen zurückgemeldet. Doch er wurde von West und Ost mit umso größerer Unaufmerksamkeit gestraft. Er wurde Bestandteil jener periphären Abstands- und Sperrzone, die beide Teile immer unüberwindlicher voneinander trennte. Als nach dem 13. August 1961 die Spaltung Berlins durch den Mauerbau im wahrsten Sinne des Wortes »zementiert« wurde, reagierten auf der Ostseite unter dem Zwang eines absoluten Sicherheitsdenkens zuerst einmal Spitzhacke und Planierraupe. Das Columbushaus, die Wertheimruine, Reste der Neuen Reichskanzlei und der Torhäuschen auf dem Leipziger Platz sowie andere Ruinen wurden »abgeräumt«. Ein bis zu mehrere hundert Meter breiter öder Sand- und Wiesenstreifen – Blick- und Schußfeld für die Grenzsoldaten – zog sich längs der Mauer vom Brandenburger Tor bis südlich des Potsdamer Platzes hin, breiter als sonst irgendwo. Nur das Asphaltachteck der Fahrbahn des Leipziger Platzes und halbverschüttete, vermauerte Eingänge zur U- und S-Bahn markierten noch ungefähr die Lage des einst so berühmten Doppelplatzes.

Auch in Westberlin überwog zuerst der Abriß den Neubau in dieser Gegend. Der Spitzhacke fiel manches zum Opfer, was noch auf- oder ausbauwürdig gewesen wäre: der Anhalter Bahnhof, die Hotels Exzelsior und Nürnberger Hof, das Prinz-Albrecht-Palais, die ehemalige Kunstgewerbeschule und das Völkerkundemuseum.

Doch um 1965 begann um den Askanischen Platz mit einigen Hochhäusern und Flachbauten eine allmähliche lockere Bebauung. Die Wiederherstellung des Kunstgewerbemuseums (Martin-Gropius-Bau) bis 1981 stellte ohne Zweifel einen Höhepunkt in diesen Bestrebungen dar. Westlich des Potsdamer Platzes veränderte sich ebenfalls einiges. Da finden wir das einzige Bauwerk, das 1956 bis 1960 in seinen historischen Formen wieder auf-

gebaut wurde: die St. Matthäuskirche. Daneben entstanden Bauwerke moderner Architektur, die heiße Diskussionen auslösten und diesem Viertel einen eigenwilligen Stempel aufdrückten. Der Aufbau der Philharmonie nach den Plänen von Hans Scharoun 1960 bis 1969, der Neuen Nationalgalerie von Mies van der Rohe in den Jahren 1965 bis 1968 und der Staatsbibliothek von Hans Scharoun 1967 bis 1978 sind Kernpunkte eines Bereiches geworden, der als Kulturforum den Potsdamer Platz flankieren soll. Allerdings wurde dabei die historische Straßenführung endgültig zerstört. Alle Überlegungen endeten an der Westtangente.

Planungen in Ost — ein immer wieder veränderter bzw. modifizierter Generalbebauungsplan — und in West — zuletzt der Flächennutzungsplan FNP 84 — boten keine Lösungsvorschläge für die auf den »Nimmerleinstag« verschobene Neugestaltung des Potsdamer Platzes.

Erst die Politik der Perestroika in der Sowjetunion, ihre Ausweitung auf die anderen osteuropäischen Länder, die Öffnung der ungarischen Grenzen fast

*Oben: Angehörige der Nationalen Volksarmee errichten Stacheldrahtsperren am Potsdamer Platz. H. Siegmann, 14. 8. 1961*
*Unten: Die Grenze nach Ost-Berlin am Potsdamer Platz. H. Siegmann, 19. 8. 1961*

*Sperranlagen am Potsdamer Platz, im Hintergrund das Brandenburger Tor. Kl. Lehnartz, 14. 2. 1964*

über Nacht, die Veränderung der Welt im Gefolge des Abrüstungsprozesses – viele solcher Ereignisse und Entwicklungen schufen eine Situation, in der auch die Bevölkerung der DDR in einer Reihe friedfertiger Demonstrationen, die dafür umso wirkungsvoller waren, das alte Regime schließlich beseitigte. Die Mauer schien so dicht gefügt, so fest betoniert – über Nacht wurde sie plötzlich brüchig, der Beton zerbröselte den Politikern der alten Herrschaftsstrukturen unter den Fingern. Am 9. November 1989 war geschehen, was solange für unmöglich gehalten wurde: Die Grenze war offen und die Mauer noch bestenfalls Symbol, aber schon fast ohne Funktion. Und da ist sie nun wieder, die Frage nach der zerstörten Mitte Berlins.
In Kommissionen, Architektur- und Planungsbüros wird jetzt auf Hochtouren gearbeitet. Der Senat bemüht sich um eine gemeinsame Lösung für

Potsdamer und Leipziger Platz. Die öffentliche Diskussion um die zukünftige Bebauung wurde zu einer hitzigen Debatte, als Pläne des Daimler-Benz-Konzerns bekannt wurden, 64 000 qm des Potsdamer Platzes allein bebauen zu wollen.
Die Auseinandersetzung um die Bebauung des zentralen Bereichs der kommenden Hauptstadt konzentriert alle Fragen und Argumente, die sich letztlich auf die gesamte Stadt- und Regionalentwicklung beziehen und über das Aussehen des ganzen Landes mitentscheiden werden. Am Ergebnis wird sich messen lassen, wie wir mit unserer zweifach gebrochenen Geschichte umgegangen sind.
Der Doppelplatz, der in über 250jähriger Geschichte vom Randplatz der königlichen Residenz zum Hauptplatz der Weltstadt Berlin avancierte, der so viele erhebende Momente in seinem Dasein erlebte und so viele erniedrigende, der noch um

1935 durch sein pulsierendes, vielseitiges Leben die Welt begeisterte und andererseits streßte oder auch empörte, der dann im Bomben- und Geschoßhagel in Schutt und Asche versank, dessen Reste in einem Frieden, der wieder nur Krieg, Kalter Krieg war, beseite geschoben und abgeräumt wurden – dieser Platz steht im Zentrum unserer geschichtlichen Verantwortung. Er hat auf einmal wieder seine Chance.

Ob man sie wohl nutzt?

*Links: »Deutschstunde«.*
*Hans W. Mende, August 1986*

*Rechts: Souvenirsammler,*
*»Mauerspechte« genannt,*
*am Potsdamer Platz, im*
*Hintergrund das*
*Brandenburger Tor.*
*Rolf Zöllner, Januar 1990*

*Schon kurz nach Einrichtung*
*des Grenzübergangs am*
*Potsdamer Platz war die Mauer*
*an vielen Stellen durchlässig*
*geworden.*
*Hans W. Mende,*
*November 1989*

*Folgende Doppelseite:*
*24 Abschnitte eines Panoramas,*
*aufgenommen vom Dach des*
*Weinhaus Huth. Die Bild-*
*ränder überschneiden sich der*
*besseren Lesbarkeit wegen.*
*Hans W. Mende, April 1981*

*Die Staatsbibliothek, vom Dach des Hauses Potsdamer Straße/Ecke Schöneberger Ufer. Im Vordergrund die 1964/65 erbaute neue Potsdamer Brücke. Unmittelbar rechts daneben ist noch die Verankerung der eisernen Bögen der alten*

*1897/98 errichteten Potsdamer Brücke zu sehen. Hans W. Mende, 1985*

# László F. Földényi

# An der Grenze zwischen Vergangenheit und Zukunft

Es gab eine Zeit, da durfte der Mensch soviel Land in Besitz nehmen, wie er an einem Tag, von Sonnenaufgang bis Sonnenuntergang, zu Fuß umrunden konnte. Das war sein Land. Das Maß war sein Körper. Seine Schritte markierten die Grenze, der Schweiß seiner Stirn tränkte den Boden, und in der Luft, die wie eine Glocke über ihm lag, konnte er noch Jahre später das Keuchen, das immer hastigere Atmen hören. Je näher der Sonnenuntergang rückte, desto schneller mußte er laufen; bis zum Einbruch der Dunkelheit mußte er zu seinem Ausgangspunkt zurückkehren.

Wenn es ihm nicht gelang, bedeutete dies, daß er das Maß verloren hatte. Und damit das Recht auf den Boden.

Kein Wunder, daß sein Körper und das erworbene Land eine enge Einheit bildeten; wurde dem einen ein Schaden zugefügt, bekam es auch der andere zu spüren. Sie waren ein Körper und eine Seele. Und der Boden, der den Menschen am Leben erhielt, nahm ihn nach seinem Tode auf und umfing ihn als Grab wie eine Gebärmutter.

Die Bodenständigkeit ist uralt und nicht mit den Eigentumsverhältnissen zu erklären; der Wunsch nach Eigentum des Bodens ist kein Grundbedürfnis des Menschen. Bodenständigkeit erklärt sich auch nicht aus der Liebe zur Natur; bis sie sich herausbildete, hatte so manches die alte Beziehung mit dem Boden beschädigt. Und auch die Notwendigkeit zur Arbeit und das Streben nach Selbstversorgung liefern keine Erklärung; sie sind eher Mittel, einen tieferen und bestimmenderen Wunsch am Leben zu halten.

Was ist dieser tiefere Wunsch?

Das Heimischsein in einer Welt, die von menschlichem Maß und überschaubar ist, die von der Phantasie bevölkert werden kann und deren Unendlichkeit ein Gefühl der Freiheit und nicht der Hilflosigkeit vermittelt. Ein kosmisches Heimischsein, worunter natürlich nicht der Kosmos im physikalischen Sinn zu verstehen ist. Kosmisches Heimischsein bietet die Gebärmutter, aber auch das Grab; die Harmonie mit einer höheren Ordnung ist in beiden Fällen ungebrochen. Und kosmisches Heimischsein bietet das natürliche Verhältnis zur Erde, zum Boden. Nicht zufällig wird in vielen Mythologien der Himmel mit der Gebärmutter verglichen: wie eine Glocke wölbt er sich über die Erde, die mit ihren lebenspendenden Säften den Menschen ernährt.

*Blick von der Parey-Villa auf*
*die Staatsbibliothek, links, die*
*Neue Nationalgalerie, rechts,*
*und die St. Matthäuskirche*
*im Vordergrund.*
*Hans W. Mende, 1980*

Die Erde erhält und trägt den Menschen; wenn er ihre Gesetze kennt und mit ihnen umzugehen weiß, fühlt er sich auf ihr heimisch. Und die Erde bedeutet in diesem Fall nicht nur Ackerland, Wiese, Weide oder Wald, sondern viel eher eine für den Menschen durchschaubare Projektion der Welt; sie bedeutet das, worin er wie in einem Spiegel den geheimen Rhythmus seines eigenen Lebens wiedererkennt und die ihn deshalb wie ein Schild gegen die Maßlosigkeit der menschenlosen Leere schützt. Die Gesetze der Erde gelten also nicht nur »im Freien«, in der Unbewohntheit, sondern überall, wo der Mensch Fuß fassen kann und sich einrichtet. Das gilt auch in der Stadt. Wie die Land und Acker bearbeitenden Menschen haben auch die Stadtbewohner ihre eigenen Gesetze und Gebräuche entwickelt. Sie sind natürlich andere, aber auf ihre Weise versuchen auch sie den erwähnten tiefen Wunsch des Menschen zu befriedigen. In der »Tiefe« der Stadt, im Geflecht ihrer Straßen und Plätze, offenbart sich irgendwann der Rhythmus, in dem der Mensch den Rhythmus seines eigenen Lebens erkennt. Und wenn die Stadt ihm ein Heim bieten kann, erfüllt ihn dieser Rhythmus mit tiefer Befriedigung: inmitten der Mietshäuser, Gassen, Plätze und Parks kann ihn die Freude des kosmischen Heimischseins ebenso anrühren wie in einer verlassenen Landschaft, an einem Waldrand, einem Flußufer. Und während er die Stadt erschaut, durch sie schlendert, sie begeht, dringt er zugleich in ihren Körper ein. Die unsichtbare Karte seines Lebens deckt sich genau mit der sichtbaren Karte der Stadt, der Lebensrhythmus seines Organismus und der der Stadt sind im Einklang.

1988/89 habe ich ein Jahr im westlichen Teil Berlins verbracht. Meistens arbeitete ich zu Hause. Die Bücher, die ich für meine Arbeit benötigte, holte ich mir aus der Staatsbibliothek. Mein Arbeitszimmer befand sich nahe am Grunewald, in einer stillen und kurzen Straße, die Bücher am anderen Ende der Stadthälfte. Dorthin fuhr ich in der Regel mit dem Auto, möglichst bis an den Eingang. Lange bedeuteten die wenigen Schritte vom Auto bis zur Tür den einzigen körperlichen Kontakt mit der Umgebung der Bibliothek.

Später wurden es mehr Schritte. Zuerst wagte ich mich zur gegenüberliegenden Nationalgalerie, dann zur Kasse der Philharmonie, noch später schon bis zum Kunstgewerbemuseum. *Ich wagte mich;* aus der Tür der Bibliothek tretend, maß ich erst einmal das ferne Ziel ab, dann wandte ich mich in die entsprechende Richtung und machte mich mit gesenktem Kopf schnell auf den Weg, hinweg über die breite Straße mit den sechs Fahrspuren, nur in den notwendigsten und gefährlichsten Augenblicken zur Seite oder nach vorn schauend. Ich achtete auf meine Füße und die regelmäßigen Betonplatten. Für sie hatte ich ein Maß, zu ihnen konnte ich mich ins Verhältnis setzen. In der riesigen leeren Betonwüste boten mir diese Platten einen Trost. Und als ich herausfand, daß ich bei jedem dritten Schritt genau in die Mitte einer Platte treten konnte, vermittelten sie mir fast das gleiche Gefühl des Heimischseins wie die schweigsamen Villen des Grunewalds.

Auf die Gehwegplatten konnte ich treten. Sie übernahmen den Rhythmus meiner Schritte, und ich fand ein lebendiges Verhältnis zu ihnen. Jeder Schritt zauberte ein Fünkchen Heimischsein zwischen die gigantischen Gebäude rundum und die sie umgebenden Wüsteneien.

Aber mit jedem Schritt weiter war es auch um den Fußbreit Heimischsein geschehen. Die Wüste sog unverzüglich die Spur meiner Schritte auf, und die

*Das Kulturforum,
aufgenommen vom Dach
des Hauses Potsdamer Straße/
Ecke Schöneberger Ufer. Blick
auf die Neue Nationalgalerie
im Vordergrund, links im
Hintergrund der Tiergarten
mit der Kongreßhalle, davor
das Kunstgewerbemuseum und
die St. Matthäuskirche, rechts
im Hintergrund der Reichstag,*
*davor die Philharmonie, das
Musikinstrumentenmuseum
und die Baustelle für den
Kammermusiksaal.
Hans W. Mende, 1985*

114

Gebäude stießen mich hin und her, statt mich zu führen und zu lenken. Ich war froh, wenn ich irgendwo eintreten konnte. Nicht nur, weil ich dann nicht länger unter dem Wind zu leiden hatte, der in dieser sonderbaren, gestaltlosen Gegend auch dann blies, wenn in der Stadt sonst Windstille herrschte, sondern auch, weil ich innerlich erleichtert war: als ob die Unendlichkeit für eine Weile zu Ende wäre. Von der Staatsbibliothek bis zur Philharmonie sind es nur ein paar hundert Meter; mir wuchs die Entfernung, während ich fleißig ausschritt, dennoch ins Maßlose.

Inmitten der Stadt habe ich oft genug ein Vielfaches dieser Distanz zurückgelegt, ohne es zu merken. Wenn ich zum Beispiel die Pestalozzistraße entlangging, über die Bleibtreustraße hinweg und durch die Niebuhrstraße, um dann über die Wieland- und die Mommsenstraße in die Knesebeckstraße zu kommen, wurden meine Füße niemals müde. Und das nicht nur, weil als Belohnung an dem für mich anheimelndsten und architektonisch wohl vollkommensten Platz Berlins, dem Savignyplatz, ein Café auf mich wartete, auf dessen Terrasse ich mich ausruhen konnte, sondern auch, weil ich unterwegs auf Schritt und Tritt etwas Neues, zuvor nicht Gesehenes entdeckte.

Ganz anders die Spaziergänge am Ende der Potsdamer Straße, in der Gegend der Staatsbibliothek. Diese Gänge waren mühselig und anstrengend, so als hätte ich auf flachem Gelände die Arbeit des Sisyphos zu verrichten gehabt. Vielleicht sollte ich nicht von Spaziergängen sprechen, sondern von einer Strafe. Im Verlauf des Jahres bin ich dort keinem Passanten begegnet, in dessen Gesicht ich nicht den kaum verhüllten Schatten der Bemühtheit bemerkte. Alle machten den Eindruck, als hätten sie tief Luft geholt und als wollten sie so schnell wie möglich weg aus dieser Gegend. Sie strengten sich an, wie ich ja auch. Wen es hierher verschlägt, der hat das Gefühl, die Luft um ihn herum sei dünner geworden; er atmet hastig und unregelmäßig, er beschleunigt den Schritt. Die umliegenden Gebäude sind scheinbar neutral, aber sie machen sogar den Gang, die Körperhaltung des Menschen, der sich zwischen ihnen bewegt, unnatürlich. Es ist klar, *so* kann man keinen Spaziergang machen, denn beim Spazierengehen ist Selbstvergessenheit unerläßlich. Der Mensch gibt sich seiner Umgebung hin; er vertraut sich etwas an, das anfangs noch außerhalb von ihm zu sein scheint, dann aber doch zu einem Abbild seines Inneren wird. Ein Spaziergang – das ist Vertrauen. Doch er verlangt Vertrauen nicht nur zum eigenen Inneren, sondern auch zur »äußeren« Welt. Und das Gehen, das Unterwegssein wird davon zum Spaziergang, daß beides miteinander verschmilzt. Straße und Platz werden zu meiner inneren Straße, meinem inneren Platz. Der Spaziergang ist auch eine Art Heimischsein.

Nie kam mir in den Sinn, ich könnte abends mit meiner Frau oder mit Freunden in der Gegend um die Staatsbibliothek spazierengehen. Abends fiel mir besonders auf, wie ausgestorben die Gegend war. Und als ich später erfuhr, daß dieser Abschnitt der Potsdamer Straße gar nicht mehr ein Teil der ursprünglichen Potsdamer Straße ist, da den früheren Straßenverlauf das Bibliotheksgebäude verbarrikadiert, sah ich meine Ahnung bestätigt, daß dies tatsächlich eine tote Gegend ist. Die sechs Fahrspuren verlaufen dort, wo früher Häuser standen, auf dem Gehweg laufe ich durch frühere Vorgärten, Arbeitszimmer, Wohnzimmer, Schlafzimmer, Geschäfte, Cafés, Restaurants, und indem ich so die Ruhe der Toten störe, gerate ich selbst in eine Gespensterwelt. Wenn das Gefühl des kosmischen Heimischseins einen Gegensatz hat, dann ist es dies.

*Aussichtsplattform am
Potsdamer Platz, abgerissen
Ende November 1989.
Hans W. Mende, 1981*

Und weil Ungarn vom Schicksal der ostdeutschen Flüchtlinge immer spürbarer berührt wurde, schien es mir, als wären die beiden Länder stärker aufeinander angewiesen als in den zurückliegenden Jahrzehnten der offiziellen Freundschaft. Dadurch gewann die Mauer noch mehr Bedeutung für mich; ich war zwar auch Osteuropäer, aber mein Land lag inzwischen diesseits der Mauer, die DDR hingegen jenseits. Die Mauer teilte nun nicht mehr Osten und Westen auf, sie teilte auch den Osten selbst. Wenn ich aus der Bibliothek kam und — selten genug — »nach hinten« ging, zur Mauer hin, fühlte ich mich verwirrt: ich hätte schwerlich sagen können, auf welcher Seite ich »daheim« bin. Wegen meiner Vergangenheit gehörte ich »nach drüben«, meine Zukunft hingegen rief mich auf »diese« Seite.

Und meine Gegenwart? Die blieb irgendwo in der Mitte, in der Gegend des Potsdamer Platzes. Irgendwo in der Gegend des hinteren Ausgangs der Bibliothek, der für die Lastwagen, die Transportarbeiter und das Personal bestimmt ist, für die, die ungesehen bleiben müssen. In Ungarn nennt man das »Dienstboteneingang«. Irgendwo dort war meine Gegenwart.

A ls ich 1988 für eine längere Zeit nach Berlin kam, kam ich aus einer haltlosen Welt: aus Ungarn, das drauf und dran war, aus dem Ostblock auszuscheren, ohne Hoffnung zu haben, sich an den Westen anschließen zu können. Das ganze Land erinnerte ein wenig an ein Niemandsland, es hatte seine Vergangenheit, es verfügte auch über ein vages Zukunftsbild, aber die Gegenwart schien es verloren zu haben.

Dann kam 1989; die Lage wurde immer chaotischer — zugegeben, dadurch auch hoffnungsvoller. Ich blätterte in der Berliner Staatsbibliothek die Zeitungen durch. Die deutsche Presse beschäftigte sich damals auffallend viel mit Ungarn. Ein wenig hatte ich freilich den Eindruck, die an Ungarn gerichteten Botschaften und Kommentare gälten in Wirklichkeit der Osthälfte Deutschlands, dem Teil, dessen überdimensionierte Wohnblöcke und dessen nie aufgeräumte Baustellen ich ja aus den Fenstern im zweiten Stock der Bibliothek sehen konnte.

A ls ich ein Jahr später, im Herbst 1990, erneut für längere Zeit nach Berlin kam, war ich wieder auf die Bibliothek angewiesen. Wieder fuhr ich mit dem Auto hin, und wenn der vordere Parkplatz belegt war, benutzte ich den in der Schellingstraße. Einmal vergaß ich, nach rechts abzubiegen, und plötzlich hatte ich ein riesiges leeres Gelände vor mir. Einen Stadtrand mitten in der Stadt; eine Einöde, die an einen Trümmerplatz und eine Gänsewiese gleichermaßen erinnerte; ein Niemandsland, in dem noch immer ein unbekannter Krieg im Gang zu sein schien. Das war der Potsdamer Platz, die einstige Mitte und das Symbol der Stadt

*Blick auf die Mauer*
*am Potsdamer Platz.*
*Hans W. Mende, 1979*
*(aus der Serie »Grenzbegehung«)*

117

Berlin, bekannt aus alten Filmen, Fotografien und Romanen.

Als Osteuropäer war ich mir weiterhin sicher, wo ich mich einordnen sollte. Die Ausgestorbenheit und Öde des Platzes spiegelte ein wenig meine Situation, genauer: die des Raumes, aus dem ich kam und den die Abrechnung mit der Vergangenheit und die Hoffnung auf eine wahrhaft neue Zukunft belebte. Auf ganz Osteuropa wartet das gleiche Schicksal wie auf diesen Platz: wieder bebaut, »genutzt«, »weltartig« – kurz, für den Menschen genießbar zu werden. »Demokratie«, »Freiheit«, »Rechtstaat« und so weiter: vierzig Jahre lang nahm Osteuropa diese Begriffe für sich in Anspruch, aber das Ergebnis war eine Verödung von Geist und Seele, die nur mit der Öde des Potsdamer Platzes vergleichbar ist. 1989 platzten die Schlagwörter wie Seifenblasen, oder man versuchte, ihnen einen neuen Inhalt zu geben. Und das alles auf der Grundlage einer neuen Erwartung, die eindeutig darauf ge-

*Rohbauten an der Leipziger Straße, ein Bauprojekt der Honecker-Regierung, das nach der Grenzöffnung gestoppt wurde und den neuen Planungen am Leipziger Platz weichen muß.*
*Detlev Konnerth, 17. 2. 1990*

richtet war, Anschluß an den Westen zu finden, was wiederum fast ausschließlich als wirtschaftliche Notwendigkeit zu verstehen ist.

Doch der Potsdamer Platz trennt nicht nur den Osten vom Westen, sondern auch den Westen vom Osten. An diesem Platz begegnen sich zwei Welten. Oder eher: dort prallen sie aufeinander. Denn der jetzige Zustand des Platzes zeigt, daß es sich um eine gewaltsame, eine unnatürliche Begegnung handelt. Wäre die Berührung der beiden Welten eine natürliche, würde auch der Platz nicht an eine riesige Wunde am Körper der Stadt erinnern.

Aber es ist keine natürliche, denn sie kann keine natürliche sein. Die Teilung Europas ist an sich schon unnatürlich. Und diese Unnatürlichkeit hat ihre Geschichte und Vergangenheit. Das Schicksal Osteuropas wurde durch einen Kuhhandel besiegelt, indem die Vereinigten Staaten und die Sowjetunion Europa unter sich aufteilten. Dieser Handel und der Untergang des Potsdamer Platzes fielen ungefähr in die gleiche Zeit: erst wurde er von den Alliierten zerbombt, dann zerschossen die Russen die übriggebliebenen Ruinen. Erst verbündeten sich die beiden Welten, dann standen sie sich auf demselben Platz Auge in Auge gegenüber, zwischen sich eine Grenzmarkierung. Für den Platz erwies sich beides als gleich verhängnisvoll. Doch das Verhängnis schwebte wohl schon seit der Gründung des Deutschen Reiches im vergangenen Jahrhundert über dem Platz, als er und seine Umgebung allmählich zum Mittelpunkt der Diplomatie wurden und bis 1945 in immer erschreckenderem Maße die unterschiedlichsten Machtzentren um sich konzentrierten. Der heutige Zustand des Potsdamer Platzes zeigt nicht nur von alliierten Bombenflugzeugen und sowjetischen Geschützen, sondern auch von einer beängstigenden Schicksalshaftigkeit. Er gleicht der Bühne beim letzten Akt einer Schicksalstragödie.

Es scheint, als wäre mit der Mauer auch der Vorhang

gefallen. Die Tragödie ist zu Ende. Oder steht noch ein Satyrspiel bevor? Der Platz — oder richtiger: die Einöde, zu der er gehörte — bietet Aussicht auf die modernen Mietshäuser in Ost-Berlin und auf das Kulturforum in West-Berlin. Die ersteren wecken den Eindruck von häßlichen und abstoßenden Dutzendprodukten — für Menschen gebaute Häuser, aber in Wirklichkeit Menschensilos, schon äußerlich geprägt von der Art Rationalität, die am menschenfeindlichsten ist. Das letztere, das Kulturforum, ist eine Gespensterwelt: die Bibliothek, die Philharmonie und das Museum loben zwar die Phantasie Scharouns und Mies van der Rohes, doch entlarvt sich die Verwirklichung dieser Phantasie, sobald man nähertritt, als mindestens so bedrückend wie die Vision Albert Speers von der Einebnung des einstigen Bürgerquartiers und dem Bau einer Reichshauptstadt, der Nord-Süd-Achse.

Und das macht den osteuropäischen Besucher, der zwischen den Abfallhaufen auf dem Potsdamer Platz umherstolpert, ratlos. Die Ostseite kennt er gut; von der Diktatur des Staates hat er die Nase voll, auch davon, daß andere über seine Ansprüche entscheiden, darüber, wie er leben soll, in was für einer Wohnung, was für einem Haus, was für einem Menschensilo. Er will nicht mehr, daß andere über sein Maß befinden, nach dem sich auch sein Inneres richten muß. Aber wenn er zur westlichen Seite blickt, kommt er in Verlegenheit. Danach hat er sich gesehnt, solange er »drüben« war: nach freier Phantasie, nach Schönheit, luftiger Architektur, organischer Platzgestaltung. Was er sieht, wird dem im Detail durchaus gerecht. Insgesamt wirkt es dennoch gespenstisch; er erinnert sich deutlich, welches Grauen ihn befiel, wenn er von dem einen Gebäude zum anderen gehen mußte. Und obgleich er weiß, daß er das nicht verallgemeinern darf, erfüllt ihn die Westseite des Potsdamer Platzes mit Argwohn.

Woher rührt dieses Unbehagen? Daher, daß er eine gespenstische Symmetrie zu entdecken vermeint. Hier stehen sich die Diktatur des Staates und die Diktatur der Technik und Planung gegenüber. Beide haben sie in ihren Berechnungen den Menschen vernachlässigt, ihn vergessen — den Passanten, der sich heimisch fühlen will in seiner Stadt, der vor dem Krieg von Behörden und Institutionen aus dieser Gegend verdrängt wurde und der nichts dafür kann, daß dieser Teil seiner Stadt vernichtet wurde. Im Krieg zog man ihm den Potsdamer Platz und seine Umgebung unter den Füßen weg, und als die Flächen beiderseits der Grenze — wie zwei ferne Planeten, deren Bahnen sich nie kreuzen — bebaut wurden, ohne daß die eine Seite Rücksicht nahm auf die Ausdehnung der anderen, stahl man ihm die Stadt auch über den Kopf weg. Nicht einmal wenn er wollte, könnte er sich hier eine Heimstatt schaffen, »drüben« ebensowenig wie hier, sagen wir zwischen der Philharmonie und der Nationalgalerie, da, wo sich die Gestalten Theodor Fontanes so hei-

*Trödelmarkt am Potsdamer Platz, im Hintergrund links das Weinhaus Huth, rechts das Tempodrom.*
*Hans W. Mende, 1983*

*Nach Öffnung der Mauer und Einrichtung eines Grenz-übergangs am 12. 11. 1989 am Potsdamer Platz.*
*Hans W. Mende, 13. 11. 1989*

misch fühlten, daß sogar der Fremde Heimweh nach dieser Gegend bekommt, die er doch nie gesehen hat. Es siegte die Technik: der Geist der Berechnung, der mit Lineal und Zirkel über Dinge entschied, die damit nicht zu fassen sind.

Doch vorläufig ist der Potsdamer Platz noch eine Einöde. Ein schwarzes Loch, aus dem Gutes wie Schlechtes emportauchen kann: Leidenschaft, Kälte, Barbarei, Dummheit, Irrsinn, Genialität – oder deren Gemisch. Beide Seiten des leeren Platzes sind bebaut; anscheinend ist es nur noch eine Frage von Lineal und Zirkel, damit in kurzer Zeit auch der Platz selbst bebaut wird. Und da mag leicht die Illusion aufkommen, nun hänge es nur noch von der Phantasie der miteinander wetteifernden Architekten ab, wie dieses Gemisch zusammengesetzt sein wird.

Aber der Platz erinnert auch an einen leeren Blick, an den eines Menschen, der an Gedächtnisstörungen leidet. Und dieser *menschliche* Blick weckt die Vermutung, vielleicht besteht die wahre Aufgabe doch nicht darin, einen neutralen, leeren Platz aufzufüllen; auch wenn die technische Lösung noch so frappant, einfallsreich und »genial« ist, vielleicht darf sie erst in einer späteren Phase zum bestimmenden Faktor werden. Dieser Platz gleicht einem kranken Lebewesen, das gutes Zureden, menschliche Zuwendung und Zuneigung vorerst dringender braucht als Medikamente. Dieser Platz hat an der Last von hundert Jahren zu tragen, von denen jedes der letzten fünfzig das Mehrfache von jedem vorangegangenen wiegt. Eine Unmenge nicht ausgetragener Konflikte hat ihn zu dem gemacht, was er ist; statt sie zu lösen, wurden sie mit immer wieder neuen unterdrückt, bis schließlich alles jeden Rest eines menschlichen Antlitzes verloren hatte.

Am Potsdamer Platz stößt der Passant gegen die unsichtbaren Hindernisse einer Wüste gewordenen Geschichte. Nicht nur sein Verstand und seine Einsicht protestieren, auch sein Körper. Er stellt sich

*Leipziger Platz mit Grenzübergang.*
*Detlev Konnerth, 17. 2. 1990*

auf diesem Platz eine Zukunft vor, in der ihn der Leib der Stadt nicht als Fremdkörper ausstößt und in der sich auch sein Leib nicht krampfhaft gegen den der Stadt stellt.

Damit das Wirklichkeit werden kann, muß man diesen kranken Körperteil der Stadt vorsichtig berühren. Diese Wüste kann nicht von einem Tag auf den anderen bebaut werden; die ungelösten *historischen* Konflikte lassen sich nicht mit der Hilfe der *Technik* bereinigen. Das würde nichts anderes bedeuten, als daß man einen an der Seele kranken Menschen mit Medikamenten vollstopft und ihn dann laufenläßt. Der osteuropäische Besucher weiß aus eigener Erfahrung, daß Zukunft nur dort erschaffen werden kann, wo der Mensch sein Verhältnis zur Vergangenheit geklärt hat. Und setzen wir hinzu: nur dann wird er auch eine Gegenwart haben. Wenn diese Vergangenheit nicht aufgearbeitet ist, wird auch die Zukunft zum Terrain des Todes, und seine Dekorationen werden den Ostberliner Neubaugebieten oder den gigantischen Blöcken des Kulturforums ähneln. Es geht um die Abrechnung mit einer Gespensterwelt, und das bedeutet auch, daß sich der Mensch aus der Umklammerung einer Planung befreit, die statt seiner über seine Zukunft entscheiden will, daß er den Kräften widersteht, die von der Industrie bis zum Umweltschutz alles bedenken, nur nicht den unvergleichlichen Lebensrhythmus des einzelnen Menschen – den Lebensrhythmus, der, in der Form verborgener oder offener Leidenschaft, der Maßlosigkeit sein eigenes Maß entgegenzusetzen versucht.

Der Tod und die Gespensterwelt sind immer eintönig und homogen; das Leben ist es nie. Und noch weniger ist es das kosmische Heimischsein. Wenn sich ein Gefühl dafür herausbildet, wird der Mensch die Erfahrung machen, daß die Welt in ihrer Vielfarbigkeit *seine* Welt ist: sie steht ihm nicht als feindseliger Block gegenüber, sondern erlaubt dem, der in sie eindringt, daß er sie frei durchstreift, entdeckt, er-

*Fliegende Händler vor der Mauer am Potsdamer Platz. Verkauf von Bruchstücken der Mauer sowie Mützen der Nationalen Volksarmee der DDR und der sowjetischen Armee. Sabine Sauer, 9.3.1990*

kundet, sich zu eigen macht und dann glücklich mit ihr zusammenlebt. Wie ich mich immer wohlfühlte – wieder muß ich mich darauf berufen –, wenn ich durch die Gegend am Savignyplatz spazierte, ebenso wie auf den Plätzen beliebiger anderer Städte, die mich für eine Weile aufnahmen und mich dann, mit dem Gefühl des Heimischseins, wieder auf die Reise schickten.

Was ist das Geheimnis dieser Plätze? Allein aus ihrer Architektur kommen wir ihm nicht auf den Grund, auch soziologisch ist es nicht zu enträtseln, Aspekte der Stadtplanung geben ebensowenig Auskunft. Jede Stadt hat ihr nicht enthüllbares Geheimnis. Wäre es ergründbar, könnte man Städte in Serien herstellen, wie es ja heute vielfach versucht wird – und nicht nur Städte, auch Orte, die als Plätze bezeichnet werden, könnten am Fließband entstehen. Vielleicht ist die Stadt eine spezifische Variante des Daseinsgeheimnisses? Alle Städte unterscheiden sich voneinander, und jede hat ein anderes Geheimnis.

Aber könnte es sein, daß jede Stadt das gleiche, große Geheimnis verkörpert, vom El Amarna des Echnaton bis zum Berlin der neunziger Jahre? Ist es denkbar, daß jede das gleiche unlösbare, eine Geheimnis in sich trägt wie alles andere – wie ein Krieg, eine Liebe, ein Lebensweg, die Geschichte einer philosophischen These, ein Sehnen, eine Hoffnung, eine Furcht?

Dieses Geheimnis kann unterdrückt, aber nicht ergründet, noch weniger kann es geplant werden. Das Geheimnis einer Stadt, eines Platzes bildet sich erst im *natürlichen* Lauf des Lebens heraus; das Leben aber ist immer das eines Organismus. Wie ja auch – alten Fotos nach zu urteilen – der einstige Potsdamer Platz ein Organismus war. Es ist nicht sicher, daß er schön war, auch nicht, daß er perfekt geplant war; aber sicher ist, daß er lebte, atmete, seufzte, litt, pulsierte und unter der Bedrohung vielleicht immer stärker fieberte. Je näher und län-

ger ich die alten Aufnahmen betrachte, desto ratloser bin ich: ich spüre, auch dieser Platz hatte seinen geheimen Rhythmus. Was dessen Geheimnis war, weiß ich nicht. Und ich bin mir nicht sicher, ob ich es je ergründen könnte.

Eines aber weiß ich: ich würde gern mit diesem Geheimnis leben. Vielleicht hätte ich dann weniger schwer am Geheimnis meines eigenen Lebens zu tragen. Wenn dieser Rhythmus beschädigt bliebe, dann würde ich in dieser Gegend mir selbst überlassen, auf ähnliche Weise, wie ich mich weggestoßen fühlte, wenn ich aus der Staatsbibliothek trat. Ich schaue mich um, und ich sehe, daß ich in unmittelbarer Nähe nichts zu erwarten habe. Überließe ich mich dieser Gegend, würde die Wüste auch mich von innen her aufzehren. Diese Bauten sind wunderschön, dennoch ist es, als wollten sie mir die Aussicht auf die Freiheit versperren. Kein Wunder, daß ich aus der Bibliothek jetzt lieber zum leeren Gelände des Potsdamer Platzes blicke. Noch habe ich die Möglichkeit, ihn zu besiedeln, ihn aufzulockern und farbenfroh zu machen und so zu gestalten, daß ich womöglich dereinst sogar Heimweh nach ihm habe.

*Aus dem Ungarischen von Hans Skirecki*

*Potsdamer/Leipziger Platz.*
*Detlev Konnerth, 17. 2. 1990*

Das älteste Haus am Potsdamer
Platz, in dem die Ring'sche
Apotheke ihr Domizil hatte,
kurz vor dem Abbruch. In den
rechten Neubau dahinter zieht

1880 das vorher in der Innenstadt berühmt gewordene Café
Josty ein, das der Rekon-
struktion des Schloßplatzes
weichen muß.

Friedrich Ferdinand Albert
Schwartz, 1879

# ULRICH PFEIFFER

# BERLIN VOR DEM BOOM? (UND POST SCRIPTUM)

Berlin hat sich in der Vergangenheit, durch seine besondere Geschichte, in beiden Teilen sehr stark zu einer Stadt des öffentlichen Dienstes entwickelt. In Ost-Berlin rief der Zentralismus eine Ballung öffentlicher Bediensteter hervor. In West-Berlin war es Folge einer Fürsorgepolitik des Staates, der Arbeitsplätze sichern und Abwanderung verhindern wollte. Als Konsequenz arbeiten heute mehr Bundesbedienstete in West-Berlin als in Bonn. In Ost-Berlin waren bisher rund 32% aller Erwerbstätigen im Staatssektor einschließlich der Parteien beschäftigt. In West-Berlin sind es insgesamt 235000 oder 25%. Die Dienstleistungen des Wirtschaftssektors sind in beiden Teilen der Stadt schwach entwickelt. Nur jeweils 44% bzw. 25% der Beschäftigten in der Wirtschaft waren im privaten bzw. im wirtschaftlichen Dienstleistungssektor tätig. In Hamburg sind es dagegen 61%, in München 45%. Die Erklärung dafür ist einfach: In Ost-Berlin wie im Gebiet der DDR insgesamt konnten sich Dienstleistungen nicht entfalten, weil das zentral geplante Wirtschaftssystem dafür einmal keinen Bedarf sah, sich daneben aber auch als unfähig erwies, genau diesen komplexen Sektor adäquat zu steuern. Tourismus und Finanzdienstleistungen genauso wie Werbung und Unternehmensberatung, Marketing oder Wirtschaftsprüfung führten ein Kümmerdasein. Das Nachholwachstum, das die ostdeutschen Länder in den kommenden Jahren er-

leben werden, wird sich zu einem beachtlichen Teil auf den Dienstleistungssektor konzentrieren. Dies gilt zumindest, was die Beschäftigung angeht. Allerdings wird parallel nach dem industriellen Zusammenbruch auch eine Reindustrialisierung notwendig werden.

In abgewandelter Form gilt diese Aussage auch für West-Berlin, dessen Wirtschaft bis heute gegenüber vergleichbaren Großstädten in der Bundesrepublik einen erheblichen Entwicklungsrückstand aufweist. Zwar ist West-Berlin eine Großstadt – Kurfürstendamm, Philharmonie, KaDeWe, Gedächtniskirche, Kultur- und Nachtleben, Sub-Kulturen und ein breites politisches Spektrum, ja sogar die Krawalle sind Zeichen einer Metropole voller Anregungen und Spannungen. Doch Berlin blieb auch Provinzstadt. Trotz großstädtischem kulturellem Leben, historischen Erinnerungen, Prachtfassaden und Einkaufsstraßen blieb West-Berlin ein Millionendorf mit einer Wirtschaftsstruktur, die eher Landshut als London, eher Trier als Tokio ähnelt.

Berlin ist gemessen an der Beschäftigtenzahl die größte Industriestadt Deutschlands, allerdings ohne die hohe Dichte der Forschung und Entwick-

Blick vom »Tower-Hotel«
entlang der alten baumbe-
standenen Potsdamer Straße
auf das Areal Potsdamer/
Leipziger Platz.
Sabine Sauer, 9. 5. 1990

lung in München oder Stuttgart. In Berlin gibt es keine Konzernspitzen wie in Hamburg oder Düsseldorf. In Köln haben 350 Verbände ihren Sitz, in Berlin fängt man gar nicht erst zu zählen an. In Frankfurt kommen auf 1000 Einwohner 86 Berufstätige in Banken und Versicherungen, in Hamburg sind es immerhin noch 34, in West-Berlin 13. Im kleineren Hamburg (500 000 Einwohner weniger als in West-Berlin) gibt es 80 000 Bürobeschäftigte mehr. Gleichzeitig gibt es in West-Berlin weniger Einzelhandelsflächen (Hamburg 3,3 qm pro Einwohner; Berlin 2 qm pro Einwohner), weniger Autos, weniger Rechtsanwälte, Werbeagenturen oder andere hochwertige Dienstleistungsberufe als in anderen Großstädten.

Die Erklärung der wirtschaftlichen Entwicklungsrückstände für West-Berlin ist einfach. Hinter der Mauer, in der Insellage, konnten sich keine hochwertigen zentralen Dienste entwickeln. Anwaltskanzleien, Makler, Investmentgesellschaften, große Vermögensverwaltungen, Wirtschaftsprüfungsgesellschaften, Konzernspitzen oder ein hochdifferenzierter Einzelhandel brauchen Hinterland und Einflußzonen. Die engen Grenzen haben auch der Berliner Wirtschaftsentwicklung Grenzen gesetzt.

Zwar hat der Staat ausgeglichen, was auszugleichen war. Er hat Forschungseinrichtungen und zentrale Verwaltungen, z.B. das Umweltbundesamt und das Kartellamt, Gerichte oder die Bundesversicherungsanstalt nach Berlin verlagert. Doch das ist kein Ersatz für einen hochwertigen privaten Dienstleistungssektor.

Die Sonderentwicklung Berlins, die aus der Abschottung durch die Mauer entstand, geht nun zu Ende. Es beginnt die Wiedergeburt Berlins als wirtschaftliche Metropole. Was das bedeutet, kann man heute fast nur erahnen. Vor allem weiß niemand, wie rasch die Umwälzungen eintreten werden. Fast möchte man sich wünschen, es möge langsam ge-

hen. Doch darauf kann man sich nicht verlassen. Die Standortpotentiale Berlins sind beachtlich:

a) In der Region Berlin, dem Einzugsbereich des S-Bahn-Systems und der Ringautobahn, leben rund 4,2 Mio. Menschen. Sie und die örtliche Wirtschaft brauchen Dienstleistungen – von den Einkaufsmöglichkeiten bis zu den Reparaturwerkstätten für PKWs und Fernsehapparate, von der Rechtsberatung über die Notare bis hin zu Werbung und Wirtschaftsprüfung. Vor allem erfordert die wirtschaftliche Entwicklung eine leistungsfähige Bauwirtschaft. Das gilt mehr noch als für die Neubaukapazitäten für das Ausbauhandwerk. Angesichts des niedrigen Ausgangsniveaus wird eine Grundausstattung mit leistungsfähigen Diensten für die örtliche Wirtschaft und die Bevölkerung zu einer wichtigen Quelle des Wachstums.

b) Berlin wird gleichzeitig wichtige zentrale Funktionen für Ostdeutschland übernehmen. Hier wird das Eigengewicht der örtlichen Bevölkerung und Wirtschaft für die Standortwahl zentraler Dienstleistungen eine eigene Anziehungskraft entfalten. Als große Agglomeration in der Mitte Ostdeutschlands, als Autobahn- und Eisenbahnknotenpunkt und Standort von bedeutenden Flughäfen sind die Ansatzpunkte für die Entwicklung eines hochwertigen tertiären Sektors günstig. In Zukunft wird es sicher auch eine Schnellbahn von Paris über Berlin nach Warschau und Moskau geben. Die West-Berliner Verwaltung ist darüber hinaus besser als in anderen Städten des DDR-Gebietes auf unser Rechtssystem hin eingespielt. Sie ist gewohnt, mit westlichen Investoren umzugehen. Davon wird Gesamt-Berlin profitieren. Berlin wird deshalb nach der Öffnung der Grenzen wie ein Magnet Dienstleistungsfunktionen an sich ziehen, die bisher fehlten. Dazu gehören vor allem die zentralen produktionsorientierten Dienstleistungen

(Unternehmensberatung, Wirtschaftsprüfung, Transportlogistik, Fluggesellschaften, Großhandelsgeschäfte). Aber auch die ganze Computerbranche, die im Osten einen riesigen unterentwickelten Markt »vor der Haustür« wittert, wird zusammen mit anderen High-Tech-Bereichen neue Märkte von Berlin aus erschließen wollen.

c) Man darf allerdings nicht übersehen, daß viele zentrale Funktionen für die gesamte Bundesrepublik schon verteilt sind. Von den 500 größten Unternehmen haben 11 ihren Sitz in Berlin, aber 53 in Hamburg, 38 in München und Frankfurt sowie je 34 in Düsseldorf und Stuttgart. Trotz seiner Größe war Berlin wegen seiner ungünstigen Standortbedingungen nicht attraktiv genug. Unternehmensspitzen sind charakterisiert durch eine hohe Standorttreue. Standortverlagerungen von Konzernverwaltungen bleiben auch in Zukunft die Ausnahme. Die Entscheidung der Daimler-Benz-AG, die Spitze der Dienstleistungsorganisationen des Konzerns in Berlin anzusiedeln, stellt schon fast eine Ausnahme dar. Zentrale hochwertige Dienstleistungsfunktionen sind in weiten Bereichen immobil. So wird Frankfurt seine Stellung als internationales Finanz- und Bankenzentrum Deutschlands behalten. München, Hamburg und auch Frankfurt behalten ihre Rolle als wichtigste Versicherungsplätze. Allerdings sind die Marktanteile bei zentralen Funktionen nicht festgeschrieben. In Europa werden sich durch die Auflösung des Ostblocks und durch den Übergang zum europäischen Binnenmarkt in der EG neue räumliche Arbeitsteilungen herausbilden. Großbritannien wird dank der Ansiedlung großer japanischer Automobilfirmen z.B. wieder zu einem bedeutenden Exporteur von PKWs werden. Osteuropäische Produktionsstandorte werden wichtige Zuliefer- und Komplementärfunktionen zu Westeuropa übernehmen. Ihre einseitige Orientierung nach Osten wird aufgehoben. Die Produktionsnetze großer Konzerne werden räumlich ausgeweitet. Dabei kommt es zu einer starken Spezialisierung. So werden im Bereich der Zulieferleistungen für die Automobilindustrie in Teilbereichen zwei bis drei Firmen ganz Europa versorgen. Als Folge des auslaufenden Babybooms wird die Suche nach qualifizierten Arbeitskraftreserven zu Direktinvestition und Kooperationen mit osteuropäischen Firmen führen. Die neuen Handels- und Lieferströme sowie die neue räumliche Arbeitsteilung und die engere Kooperation im Produktionssektor werden komplementäre Dienstleistungsfunktionen erfordern. Das bedeutet: Es entstehen neue zentrale Leistungen, die auch neue Standorte suchen. Berlin ist allein aufgrund seiner räumlichen Lage hier sehr gut positioniert.

Die Entscheidung, hochwertige zentrale Dienstleistungen nach Berlin zu legen oder nationale und internationale Dienstleistungsfunktionen anzusiedeln, fallen jeweils in Konkurrenz verschiedener Standorte. Hier spielt das örtliche Nachfragepotential eine geringere Rolle. Von Hamburg lassen sich norddeutsche Bereiche genauso gut erschließen wie von Berlin. Unternehmensberater können statt von Berlin nach Gera auch von München nach Gera reisen. Das Ergebnis dieser Konkurrenz ist trotz der Lagegunst und guter Voraussetzungen nicht entschieden. Hochwertige Dienstleistungen brauchen neben einem Freizeit- und Kulturangebot hochwertige Arbeits- und Wohnungsmärkte, ein leistungsfähiges Verkehrssystem und einen attraktiven Bildungssektor. Eine effiziente Verwaltung muß signalisieren und de-

Zu den Zügen

Bahnhof          nach Friedrichstr.

S- und U-Bahnhof
Potsdamer Platz.
Robert Paris, 1990

monstrieren, wie sie Stadtentwicklung so beeinflussen wird, daß günstige Standortbedingen für Unternehmen und Bewohner entstehen. Dienstleistungen sind Informationsverarbeiter. Zu ihren Rohstoffen gehören Kontakte und Beziehungen. Zentrale Dienstleistungsfunktionen gehen dorthin, wo sie Partner, aber auch Konkurrenten oder Kunden vorfinden. So wie man in bestimmten Straßen von Großstädten Konzentrationen von Juweliergeschäften findet, die es den Lieferanten und Kunden erleichtern, einen Marktüberblick zu erhalten und ihre Geschäfte abzuwickeln, so entstehen in Großstädten spezielle Ballungen. Hamburg mit seinen Großhandelskonzentrationen, Düsseldorf als »Japan-Kolonie«, München mit seiner Konzentration im Software-Bereich sind Beispiele.

In Berlin müssen solche Profile erst entstehen. So ist offen, ob Berlin seine Bedeutung als Verlags- und Medienstadt stark verbessern kann, nachdem Hamburg hier in der Vergangenheit eine starke Stellung aufbauen konnte. Die speziellen kulturellen Traditionen Ostdeutschlands werden allerdings einen entsprechenden kulturellen Wirtschaftssektor hervorbringen. D.h.: Es gibt Anknüpfungs- und Ansatzpunkte für die Entwicklung eines hochwertigen Dienstleistungssektors. Von Bedeutung sind die Pionierentscheidungen großer Unternehmen, die als erste neue Profile sichtbar werden lassen. Sie rufen »Band-Waggon«-Effekte hervor. Große Unternehmen oder Firmenrepräsentanzen werden zum Magnet für Folgeansiedlungen. Fast genauso bedeutsam wie die Wertschöpfungs- und Beschäftigungsketten einzelner großer Ansiedlungen sind die Magnet- und Verknüpfungswirkungen in vorgelagerte, nachgelagerte und in benachbarte Bereiche. Dienstleistungsstädte brauchen stärker als Produktionsstädte Ausstrahlung, Images und Symbole. Sie brauchen ein spezielles Klima, das auch durch die Stadtgestaltung, die Architektur mitgeprägt wird. Sie brauchen Kontakt-

netze. Standortbedingungen für Dienstleistungsunternehmen sind schwerer zu schaffen als für Industriebetriebe. Architektur und politische Kultur sind genauso wichtig wie attraktive Kongresse und Konzerte. Es ist zu früh, künftige Entwicklungspfade des tertiären Sektors in Berlin in einem wissenschaftlichen Sinn zu prognostizieren. Dazu ist vieles noch zu offen. Schon heute läßt sich jedoch absehen: Der Aufstieg Berlins zu einer Dienstleistungsmetropole wird anders verlaufen als in Hamburg oder in Frankfurt. Berlin kann sich z.B. nicht von seiner Vergangenheit als Produktionsstadt verabschieden. Ohne eine Weiterentwicklung der Produktionsbasis wird auch der Sektor der produktionsorientierten Dienstleistungen in seiner Entfaltung behindert. Berlin muß sich auf die Dienstleistungsbereiche mit hohen Zuwachsraten konzentrieren, weil die klassischen zentralen Funktionen zwischen den Konkurrenten schon längst aufgeteilt sind.

Der Take-Off des hochwertigen Dienstleistungssektors wird in Ost-Berlin durch Schrumpfungen und Zusammenbrüche überlebter Organisationen behindert werden. Dadurch werden Büros und Arbeitskräfte freigesetzt. Gleichzeitig kommt es in Ost-Berlin und im Umland zu einem Zusammenbruch eines großen Teils der alten Industrien. Alte Produktionsstätten schrumpfen oder werden stillgelegt. Doch die Industriebeschäftigung in Ost-Berlin blieb mit 25% weit hinter den 40-50% zurück, die in den südlichen Städten der DDR in Gera, Halle oder Chemnitz erreicht werden. Dafür werden viele zentrale Planbürokratien überflüssig. Die Kombinate werden aufgeteilt. Der Sicherheitsapparat schrumpft. Die Blockparteien haben ihre Beschäftigung schon abgebaut. Insge-

*S- und U-Bahnhof*
*Potsdamer Platz.*
*Robert Paris, 1990*

samt haben über 150 000 Menschen ihre Büroarbeit verloren und dadurch rd. 2 Millionen qm Bürofläche freigesetzt. Doch gemessen an den mittelfristigen Wachstumspotentialen bleiben alle diese Freisetzungen und Zusammenbrüche gering. Berlin, die größte Stadt Deutschlands, wird gleichzeitig das höchste Wachstum aller Großstädte erleben. Dabei kann das autonome Wirtschaftswachstum noch zusätzlich angeheizt werden durch neue Hauptstadtfunktionen, durch mehr Regierungsbeamte, Lobbyisten, Journalisten, Verbandsbürokraten und Diplomaten. Wieviele Einwohner hinzukommen, läßt sich kaum abschätzen. Barcelona, Lissabon und Madrid haben in der jüngsten Vergangenheit gezeigt, welche Zuwachsraten in einem Nachholwachstum erreicht werden können. Gleichzeitig kann man dort studieren, was es bedeutet, solche Zuwächse zu verkraften. In Madrid liegen die Büromieten gegenwärtig deutlich höher als in Frankfurt. Madrid wurde die drittteuerste Bürostadt Europas nach London und Paris. Für Berlin würde ein solcher Zuwachs bedeuten, daß in vielleicht 15 Jahren eine Stadt von der Größe Nürnbergs zuwachsen würde. Das ist mehr als irgendeine Stadt nach dem Krieg im Wiederaufbau zu bewältigen hatte. München vor der Olympiade war gemessen am künftigen Bauplatz Berlin allenfalls eine Vorahnung. In den Dimensionen reicht die Entwicklung eher an die Baurekorde der City Londons in den 80er Jahren.

Gegen diese These wird auf den Abbau der Staatsbeschäftigung in Ost-Berlin und die Schrumpfung der Industriebeschäftigung, insbesondere im Umland, verwiesen. Natürlich können diese Entwicklungen nicht ohne Auswirkung auf den privaten Dienstleistungssektor bleiben. Hier gibt es Zusammenhänge. Allein der Kaufkraftausfall muß Bereiche wie Einzelhandel oder die Wohnungsnachfrage tangieren. Allerdings muß man hier sorgfältiger differenzieren. In der Industrie des Umlandes und in Ost-Berlin wird nicht nur die Zahl der Beschäftigten in der Fertigung verringert; es werden vor allem auch Verwaltungsfunktionen abgebaut, so z.B. die durch das zentralistische Planungssystem erforderlichen Kontrolleure und Planbürokraten innerhalb der Firmen. Gleichzeitig werden die in den Kombinaten angesiedelten Sozialdienste (Kindergärten, Gesundheitsvorsorge) praktisch auf null reduziert. Solche Verwaltungs- und Sozialdienste entstehen jedoch zumindest teilweise in anderen Formen neu. Unter marktwirtschaftlichen Bedingungen sind Marketing oder Controlling-Abteilungen aufzubauen. Es entstehen z.T. spiegelbildlich zum bisherigen Abbau neue produktionsorientierte Dienstleistungen. In vielen Fällen werden Kombinatskindergärtnerinnen einfach in den Kommunaldienst überwechseln, obwohl die Kommunen heute oft nicht über ausreichende finanzielle Mittel verfügen. Es entstehen erhebliche Übergangsfriktionen.

Von diesem Strukturwandel durch Systemwechsel zu unterscheiden sind die Wachstumseffekte in den örtlichen Versorgungsdienstleistungen vom Handel bis hin zum Handwerk oder zu Rechtsanwälten und Steuerberatern. In Ost-Berlin, unterstellt man westliche Standards, fehlen etwa 800 000 bis 1 Mio. qm Einzelhandelsflächen. Es fehlt an Zweigstellen der Banken, an Versicherungsvertretern, Squash Courts und Tankstellen, nach der Welle der Käufe von gebrauchten Autos vor allem auch an Kraftfahrzeugwerkstätten. Ein Nachholbedarf ergibt sich auch bei ungünstiger Wirtschaftsentwicklung. Dennoch gilt in Zukunft in Ostdeutschland auch die Erfahrung, die wir in den westdeutschen Regionen gemacht haben. Der Dienstleistungssektor kann sich nicht abgekoppelt von dem Produk-

Weitergehen
nicht gestattet.
Verunreinigung
bei Strafe verboten.

*S- und U-Bahnhof*
*Potsdamer Platz.*
*Robert Paris, 1990*

tionssektor entfalten. Ein hohes Wachstum der Industrie ruft Einkommen für Konsumenten sowie Nachfrage nach Produktionsdienstleistungen hervor und bildet die Grundlage für einen starken staatlichen Sektor. Umgekehrt gilt, daß hochwertige Produktionsdienste die Wettbewerbsfähigkeit der Industrie und damit die gesamtwirtschaftliche Entwicklung einer Region günstig beeinflussen. Deshalb wird der Erfolg der Reindustrialisierung und der Modernisierung der Industrie in Ost-Deutschland Voraussetzung für ein kräftiges Dienstleistungswachstum. Die Reindustrialisierung braucht längere Zeit als die Planung von Einkaufszentren oder Bauhöfen. Sie kommt jedoch langsam in Gang. Dabei läßt sich bisher überhaupt nicht abschätzen, ob ein Nachholwachstum der Industrie in fünf oder zehn Jahren abgeschlossen sein kann. Wegen der erheblichen Zeitverzögerungen wird es in jedem Fall in einer Übergangsphase zu einer Abwanderung kommen. Abbau von Arbeitslosigkeit durch Abwanderung wird u.U. über längere Zeit ausschlaggebender sein als Abbau von Arbeitslosigkeit durch neue Arbeitsplätze. Die Bandbreite der möglichen Entwicklungspfade ist aus der gegenwärtigen Sicht noch immer sehr groß.

Für Berlin gilt jedoch, daß als Nebenfolge des Wachstums im Dienstleistungssektor eine Zuwanderung von außen unvermeidbar sein wird. Wenn die Bankbeschäftigung sich in 10-15 Jahren verdoppelt, dann werden vor allem die Spitzenpositionen kaum aus dem örtlichen Arbeitsmarkt allein rekrutiert werden können. Ähnliches gilt für andere Dienstleistungsbereiche. Ein Zuwachs von 30000 Menschen in der Region pro Jahr aus dem In- und Ausland, aber auch aus den Agrargebieten Mecklenburgs, ist durchaus möglich. Damit kommt es am Wohnungssektor zu einem dauernden Engpaß. Steigende Bau- und Bodenkosten verteuern die Mieten. Die Wohnungsnot wird Ausmaße erreichen, die alles übersteigt, was aus Frankfurt und München bekannt ist. Die gegenwärtige Bautätigkeit reicht bei weitem nicht aus, um dem künftigen Nachfragesprung gerecht zu werden. In West-Berlin wurden in den 80er Jahren gerade noch 6000 bis 8000 Wohnungen pro Jahr fertiggestellt. In Ost-Berlin waren es immerhin 20000 bis 25000, allerdings in Bauformen, die von einer Bauindustrie für die Zukunft nicht mehr akzeptabel sein werden. Außerdem ist das bisherige staatliche Finanzierungssystem für den Wohnungsbau mit dem Übergang zur Währungs- und Wirtschaftsunion zusammengebrochen. Neben einer anders strukturierten Bauwirtschaft müssen gleichzeitig neue Finanzierer und Investoren gefunden werden, da die alten Kombinate als Investoren ausfallen. Der neue Senat hat sich zum Ziel gesetzt, Wohnungsfertigstellungen in Höhe von 20000 pro Jahr zu erreichen. Diese Zahl ist kaum durch den Bedarf, sondern mehr durch die knappen Finanzierungsmittel bestimmt. Gemessen an den 30000 bis 40000 Wohnungen pro Jahr, die finanziert werden sollten. Um dem wachsenden Bedarf gerecht zu werden, bleibt das Programm zu gering. Wer in Zukunft die 30000 bis 50000 Wohnungen pro Jahr bauen und finanzieren wird, steht gegenwärtig in den Sternen. Das bedeutet, daß der Wohnungsmangel zu Barackensiedlungen für Bauarbeiter führen wird, die aus dem Ausland oder ländlichen Gebieten zuwandern. Geschäftstüchtige Vermieter werden Wohnungen zimmerweise an Alleinstehende zu hohen Preisen vermieten. Überbelegungen und Warteschlangen werden zu einem Dauerphänomen. Allerdings besteht auch die Hoffnung, daß mit einer gewissen Zeitverzögerung der freifinanzierte Wohnungsbau künftig ansteigt. Berlin als Mieterstadt kann in Zukunft sehr viele Wohneigentümer hervorbringen. Das Umland bietet genügend Platz für große Einfamilienhausgebiete.

*S- und U-Bahnhof*
*Potsdamer Platz.*
*Robert Paris, 1990*

Gegen diese zweite Gründerzeit in Berlin wird es Widerstand und Protest geben. Die Bevölkerung, die heute Forderungen nach Berlin als Hauptstadt und Metropole bejubelt, wird die künftigen Neubürger, die Restaurants und Wohnungen verteuern, die Straßen verstopfen und Theater füllen, noch verfluchen. Doch das Berlinwachstum fällt gleichsam von außen ein. Berlin kann dieses Wachstum nur annehmen, muß es baulich gestalten und sozial absichern, denn ohne die Entwicklung Berlins wird die DDR nicht richtig vorankommen. Von hier muß die Innovation nach ganz Ost-Deutschland ausstrahlen. Berlin wird zum Gehirn, von dem aus die Integration der Wirtschaft der DDR gesteuert wird. Natürlich werden auch von Frankfurt und München durch direkte Kooperationen Planungs- und Steuerungsentscheidungen ausgehen. Für Frankfurt gilt dies vor allem für die Entwicklung des Bankensektors in der DDR. Natürlich werden jetzt aus Dortmund oder München Konzepte für die Erneuerung von Produktionsanlagen in die DDR geliefert. Im Laufe der Zeit werden sich jedoch immer mehr Planungs- und Steuerungsfunktionen in Berlin konzentrieren. Angesichts der Baumassen, die in Berlin nach Grundstücken suchen, kann man nur einen Schock bekommen, denn der Städtebau der achtziger Jahre war dort, wo große Areale bebaut wurden, nicht eben berauschend. Es gibt viele attraktive, oft auch kontroverse Einzelgebäude. Doch dort, wo zusammenhängende Stadtteile oder ganze Neubausiedlungen entwickelt wurden, entstand meist ein Architekturgeschnatter, eine Vielfalt an Materialien, Ausdrucksformen und Gestaltungsvarianten, die eher verwirren. Die Summe der Subjektivität oder Aneinanderreihung von Aha-Bauten, auch guter Architekten, ergibt noch keinen Städtebau.

Dabei stehen in Berlin Investoren und Bauträger schon jetzt Schlange. Die Büromieten in Berlin-Mitte werden auf 60, 80, 100 DM pro Quadratmeter und darüber hinaus explodieren und wie auf einer Versteigerung klettern. Der Entwicklungsdruck nimmt zu. Die Politik steht vor der Forderung, rasch Ventile zu schaffen. Gleichzeitig steht die Kernstadt unter dem Konkurrenzdruck der von brandenburgischen Interessen regierten Umlandgemeinden. Das ausgedehnte S-Bahn-System erlaubt es, Gewerbeparks, Shopping-Center und Bürocitys außerhalb der Stadt zu errichten. Große Versicherungsgesellschaften versuchen schon längst nicht mehr, sich im Zentrum niederzulassen, sondern bevorzugen periphere, gut erreichbare Standorte.

Schon jetzt kommt die Stadt mit den Anforderungen an die Infrastruktur nicht mehr nach. Große Teile der Ost-Berliner Infrastruktur sind schrottreif. Eine Million zusätzliche Autos werden in den nächsten 10 bis 15 Jahren die Straßen verstopfen. Auf der anderen Seite kann man nicht wie in Frankfurt und München, in ihren engen Innenstädten, großflächige Verkehrsberuhigungen durchsetzen, weil in Berlin mit anderen Entfernungen gerechnet werden muß. Ohne eine Verzahnung von Verkehrsplanung und Bauinvestitionen wird der gesamte Innenbereich der Stadt völlig überlastet. Die Investoren werden ohne klare Vorgaben, vom Kern ausgehend, jede freie Fläche möglichst bald bebauen wollen. Wie in anderen rasch wachsenden Städten auch, wird man dann wenige Jahre später vor dem Problem stehen, daß neue wichtige Funktionen auf ungünstige Standorte ausweichen müssen, weil in den vorangegangenen Jahren wichtige Flächen belegt wurden.

*S- und U-Bahnhof*
*Potsdamer Platz.*
*Robert Paris, 1990*

Für den Städtebau in Berlin drängen sich zwei zentrale Themen auf:

Die Grundstruktur der künftigen räumlichen Entwicklung muß festgelegt werden. Hier wird in Anlehnung an das alte sternförmige, weit ins Umland hinausreichende S-Bahn-Netz eine radiale Stadtentwicklung favorisiert. Dieses Konzept drängt sich auf. Doch tendiert jede sternförmig nach außen verlaufende Entwicklung dazu, den Stadtkern zu überlasten. München und Paris bieten Beispiele solcher überlasteter Innenbereiche, die von allen Himmelsrichtungen her am besten erreichbar sind.

Berlin war für die Besucher der letzten 20 Jahre vor allem Charlottenburg mit seiner hochverdichteten großstädtischen Bebauung, die seit dem Kriege ergänzt wurde. In keiner deutschen Großstadt gibt es Gebiete dieser Größenordnung, in denen – wie im Kurfürstendammbereich – sich alte Wohngebäude mit neuen Bürobauten, Geschäftsnutzung, Einkaufsnutzung, mit Diskotheken, Bars und Restaurants auf engem Raum mischen. Diese Mischung bildet Vorlage und Ideal für jetzt neu zu erschließende Innenstadtgebiete. Dabei muß man sich vergegenwärtigen, daß eine solche Mischung nicht beliebig reproduziert werden kann. Sie hängt von spezifischen Voraussetzungen ab. Sind Entwicklungsdruck und Nachfrage zu hoch, dann vertreiben die Schnelldreher mit Standardartikeln und massenhaften Umsätzen die hochwertigen attraktiven Einzelhandelsgeschäfte, Antiquitätenläden in Seitenstraßen wird man dann vergebens suchen. Fehlt es an Büroflächen, dann nehmen Umwidmungen zu. Eine Überlastung wäre tödlich.

In Berlin könnte zur Entlastung der Innenstadt der Ring entlang der Stadtautobahn und entlang der S-Bahn in seiner Entwicklung betont werden. Entlang dieses Rings könnten z.B. großflächige Konzernverwaltungen, Versicherungsbauten, Einzelhandelszentren, aber auch die Massenverwaltungen des Wohlfahrtsstaates, wie sie u.U. in Berlin angesiedelt werden, Platz finden. Ohne eine kräftige Steuerung durch Stadtplanung und die öffentliche Hand, die durch Verlagerung von Verwaltungen an den Ring mit gutem Beispiel vorangehen kann, dürfte die Ringentwicklung kaum befriedigend vorankommen. Die privaten Investoren drängen mit aller Macht in die Mitte, selbst wenn es dort zu erheblichen Überlastungen kommen wird. Im Innenstadtbereich müssen neben den unvermeidbaren Banken und einigen Großverwaltungen, die überall City-Standorte anstreben, vor allem Einzelhandel, wichtige Repräsentationsbauten, Hotels, Restaurants, Kinos, Bars und die expandierenden Dienstleistungsberufe Platz finden. Makler, Rechtsanwälte, Notare, Ärzte, Werbeagenturen, Wirtschaftsprüfungsgesellschaften, Finanzanlageberater, Vermögensverwaltungen, Medienrepräsentanten, Reisebüros, Büros von Fluglinien und ähnliche kundenintensive Nutzungen, die Menschen in die Stadt bringen und in Bewegung halten, brauchen Platz neben hochverdichteten Wohngebieten, die in der Innenstadt weiter durchmischt bleiben können. Natürlich darf man solche Vorstellungen nicht mit einem sturen Purismus durchsetzen wollen. Eine Innenstadt von der Größe Berlins verträgt auch Großverwaltungen. Im übrigen wird ein enger Markt und ein knappes Angebot schon von ganz allein für Auslese sorgen. Wenn die Mieten auf 60 bis 80 DM klettern, dann müssen die Nutzer schon im Monat 8-12000,- DM verdienen, damit sie diese Mieten tragen können. Für einfache Verwaltungen der massenhaften Informationsverarbeitung von der Schadensabwicklung der Versicherungen bis hin zu den Umschaufelarbeiten der Postscheckämter wird Berlin-Mitte zu teuer. Sie haben in den Hochpreiszonen nichts zu suchen. Sie brauchen verkehrsgünstige, aber periphere Standorte.

*S- und U-Bahnhof*
*Potsdamer Platz.*
*Robert Paris, 1990*

Unabhängig von den quantitativen Problemen und den Aufgaben des Wachstumsmanagements einer zeitlichen Steuerung der Investitions- und Planungsvorhaben sind die inhaltlichen städtebaulichen Aufgaben in Berlin schwieriger als anderswo. Man muß nur vom Reichstag aus am Mauerstreifen entlang über den Postdamer Platz hinüber zum Gropiusbau, über das Gelände des ehemaligen Gestapo-Hauptquartiers entlang der Kochstraße bis zum Springer-Hochhaus wandern, um zu erkennen, wie zusammengewürfelt und zerfleddert wichtige Innenstadtbereiche Berlins aufgrund der Zerstörungen, aber auch aufgrund der Planungs- und Baumaßnahmen der letzten 40 Jahre sich heute darbieten. Amputierte Straßen neben alten Bauresten (Ruine des Anhalter-Bahnhofs), neuer sozialistischer Wohnungsbau an toten Prachtboulevards (Leipziger Straße), neben der schon dichten urbanen Nutzung entlang der Friedrichstraße, neuer aufgelockerter Wohnungsbau in der südlichen Friedrichstadt, die Leere des Kulturforums und das grüne Band des Landwehrkanals stellen eine Herausforderung für Architekten und Städtebauer dar, wie sie reizvoller, aber auch schwieriger und verantwortungsvoller nirgendwo in einer anderen westlichen Metropole bestehen. Dabei geht es natürlich nicht nur um Bauformen und um Gestaltung. Es geht auch darum, die Inhalte künftiger Nutzung festzulegen. Das wird vor allem eine schwierige politische Leistung, denn es fehlt an Kontext, aus dem heraus sich Entscheidungen aufdrängen. Zu groß und undefiniert sind die Areale, die zur Verfügung stehen. Man müßte künftige Stadtstruktur und Nutzungsmuster in Szenarien vorwegdenken. Das bedeutet z.B., daß die Baumassen und Flächenansprüche zu bewerten sind, die jetzt neu verteilt werden müssen. Braucht Berlin-Mitte 1 Mio. oder 1,5 Mio. qm Einzelhandelsflächen? Wieviele der 3 bis 4 Mio. qm Büroflächen, die wahrscheinlich in den nächsten 15 Jahren gebaut werden, können in Berlin-Mitte angesiedelt werden? Wieviele müssen am Ring und wieviele in peripheren Lagen unterkommen?

Die wichtigsten Standortbedingungen werden jetzt durch die Festlegung des öffentlichen Personennahverkehrsystems geschaffen. An den Knotenpunkten von S-Bahn und U-Bahn und entlang der wichtigsten Achsen werden sich in Zukunft die intensiven Einzelhandelszonen herausbilden, die hohe Nutzerfrequenz benötigen und damit eine hohe Nachfrage nach Leistungen des öffentlichen Personennahverkehrs hervorrufen. Ausgehend von den Hauptachsen der Einzelhandelskonzentration entstehen in den Seiten- und Nachbarstraßen die Spezialgeschäfte und Luxusläden. Dazwischen finden die Büros Platz, die weniger dringend auf besonders verkehrsintensive Standorte angewiesen sind. Angesichts der bisher großen undefinierten Flächen gibt es in Berlin nicht wie in anderen Städten eine Entwicklung in kleinen Schritten. Hier muß eine Grundstruktur politisch ausdiskutiert werden. Dabei macht es natürlich keinen Sinn, z.B. an mehreren Stellen gleichzeitig neue Einkaufsstraßen oder -zonen zu planen, ohne zu wissen, welche Kaufkraftvolumen überhaupt verteilt werden können oder welche Fußgängerdichten zu erwarten sind. Es macht keinen Sinn, Bürokonzentrationen zu planen oder die Vorstellungen von Mischnutzungen zu pflegen, ohne zu wissen, welche Preis- und Mietniveaus sich bilden werden.

Gegenwärtig hört man in Berlin immer wieder das Zauberwort »Städtebauliche Ideenwettbewerbe«. Solche Wettbewerbe müssen sein, aber man kann die Festlegung der künftigen Stadtstruktur nicht noch so guten, aus New York, London oder Mailand eingeflogenen Architekten überlassen. Genausowenig kann es Aufgabe der lokalen Architekten sein, die Struktur der Metropole Berlins zu bestimmen. Auch den Investoren kann man nicht freie Hand geben, Baudichten und Nutzungen nach ihren einzelwirtschaftlichen Rentabilitätskalkülen festzulegen. Die Politik muß Grundlagenentscheidungen treffen. Sie muß im Dialog mit Städtebauern und anderen Fachleuten eine Stadtstruktur vorausdenken und dafür Vorgaben machen, damit die Investoren, die jeder für sich planen und entscheiden, wissen, in welchen Kontext sie hineinbauen. Natürlich sind solche Entscheidungen nicht Ausdruck freier politischer Wertungen. Man kann Fußgängerbereiche bei zu großen Laufentfernungen oder wenn sich entlang der Bürgersteige zu wenig ereignet, nicht dekritieren. Man kann keine Mischung von Büro- und Geschäftshäusern vorgeben, wenn die erzielbaren Ladenmieten die Herstellungskosten nicht tragen. Man kann zwar auf hochwertigen Lagen Wohnnutzung ansiedeln, allerdings mit der Folge, daß die dort möglichen Nutzungen, die einen intensiven Kunden- und Geschäftskontakt hervorrufen, an anderer Stelle entstehen und damit Überlastungen des Verkehrssektors hervorrufen.

Welche Bandbreite der Wahlmöglichkeiten besteht, zeigt ein Vergleich zwischen Frankfurt und München. In Frankfurt fiel die Entscheidung zugunsten einer hohen Konzentration von Arbeitsplätzen in Hochhausbüros in der Innenstadt. In München, mit einem etwa gleich großen Büromarkt und vergleichbarer Bürobautätigkeit, wurde die Entscheidung getroffen, Hochhäuser nur am mittleren Ring zuzulassen. Die Investitionen wurden früher nach außen verlagert und sind räumlich breiter gestreut. Dadurch ist der gesamte Stadtbereich innerhalb des mittleren Rings bis heute eine Mischung aus Wohnungen, Büros und Geschäften geblieben. Allerdings werden in der eigentlichen Kernstadt als Folge des sternförmigen öffentlichen Personennahverkehrssystems immer mehr Überlastungserscheinungen sichtbar. Berlin hat die Chance, aus den Erfahrungen der Stadtentwicklung in Frankfurt und München, London und Madrid zu lernen. Die Fülle des Materials und die Fülle der Einsichten, die an diesen Beispielen gewonnen werden können, sollten ausreichen, um die Strukturentscheidungen informiert und kompetent zu fällen. Erst auf der Grundlage solcher Strukturentscheidungen können dann Architekten erfolgreich an ihre Arbeit gehen.

Dabei drängt sich als große Sorge auf, daß die Vielfalt der Ausdrucksformen, Materialien und subjektiven »Sprachen«, die die Architektur der Gegenwart charakterisieren, in einer massenhaften Anwendung auf den Innenstadtbereich Berlins eher chaotisch, unruhig und hektisch wirken werden. Gemessen an der Neigung, überall eine eklektische Zitat-Architektur zu präsentieren, wünscht man sich für Berlin mehr Ruhe, einfache und überschaubare, leicht zu erfassende Stadtbaufiguren. Angesichts der Gewinne, die Investoren erzielen können, und angesichts der Bauvolumen, die auf Architekten warten, wird es nicht an Investitionskapital und Talenten fehlen. Aus aller Welt werden die Unternehmer und Bauträger, Arbeiter und Manager, Makler und Projektentwickler nach Berlin strömen. Nicht die Talente, Finanzierungsquellen und Organisationsformen werden zum Engpaß werden, sondern die Fähigkeit, dies alles zu bändigen, zu bündeln und in eine Form zu gießen, in der wir Berlin nach 20 Jahren noch wiedererkennen. Berlin 2010 muß anders aussehen als die »Papageienarchitektur« der Docklands oder die Toweransammlungen an der Madison Avenue in New York. Auch in 15 Jahren möchte man, trotz vielleicht weiterer 4 Mio. qm Büroflächen, trotz 400 000 zusätzlichen Wohnungen, noch immer sagen können: »Berlin bleibt Berlin«.

## Post Scriptum

Seit der Formulierung des Textes »Berlin vor dem Boom?« sind 10 Monate vergangen. In der Zwischenzeit haben sich wichtige Rahmenbedingungen verändert. Am bedeutsamsten ist die Entscheidung, Berlin zum Regierungs- und Parlamentssitz zu machen. Allerdings dürfte diese Entscheidung, was die nächsten 10 oder vielleicht 15 Jahre angeht, in ihren wirtschaftlichen Auswirkungen auf Berlin erheblich überschätzt werden. In unmittelbarem Anschluß kam es in Berlin zu einem schubartigen Anstieg der Boden- und Immobilienpreise. Auch die Büro- und Wohnungsmieten zogen noch einmal kräftig an. Man muß allerdings befürchten, daß die Investoren die Auswirkungen der Hauptstadtentscheidung für die Arbeits- und Immobilienmärkte für die nächsten 5 bis 10 Jahre deutlich überschätzt haben. Wie die Entwicklung zeigt, wird das Parlament frühestens gegen Ende des Jahrzehnts voll funktionsfähig in Berlin präsent sein. Die Verlagerung von Regierungsstellen wird wahrscheinlich noch länger dauern. Insgesamt wird im »Hauptstadtsektor«, d.h. im Bereich der öffentlichen Verwaltung, der Botschaften und der damit verbundenen Verbands- und Lobbybeschäftigten, weniger Zuwachs eintreten als etwa im Bereich der Bankdienstleistungen. Damit würden sich Tendenzen, die im Immobilienmarkt insgesamt erkennbar sind, noch verschärfen. Das hohe Nachholwachstum in Berlin führt in der gegenwärtigen Phase zu einer extremen Übernachfrage an Einzelhandels- und Büroflächen. Als Folge explodieren die Mieten. Dies wiederum löst eine Vielzahl von Investitionsprojekten aus, die angesichts der Realisierungsschwierigkeiten (Verwaltungsengpässe, ungeklärte Rechtsfragen) nur mit großen Verzögerungen in Gang kommen.

Auf der Nachfrageseite ist der Boom schon längst da. Aus dem Nachfragestau entsteht mit hoher Wahrscheinlichkeit eine spätere Überinvestition mit der Folge von Leerständen und Verlusten. Diese Befürchtung ist auch deshalb nicht unbegründet, weil sich schon jetzt zeigt, mit welchen Schwierigkeiten die Reindustrialisierung in Berlin zu rechnen hat. In Ost-Berlin ist die Industrieforschung praktisch zusammengebrochen. Spezialisten wandern nach Westdeutschland ab. Die Tendenz zu einer Konzentration einfacher Fertigung in Berlin und seinem Umland muß sich deshalb in Zukunft verstärken. Auch dies wird langfristig Auswirkungen auf die Nachfrage nach Dienstleistungen und auch nach Büros haben. Berlin steht am Anfang eines Baubooms, der für die Bevölkerung mit erheblichen Belastungen verbunden sein wird. Dieser Bauboom enthält jedoch Elemente einer Labilität, weil sich kaum abschätzen läßt, in welchen Fristen der sich aufbauende Nachfragestau »abgearbeitet« sein wird. Eine »weiche Landung« ist in solchen Situationen eher unwahrscheinlich. Hinzu kommen die Schwierigkeiten aus dem industriellen Sektor. Boom und Bust können in Berlin nahe beieinander liegen. Es wird von der Klugheit der Investoren, den Planungsentscheidungen der Öffentlichen Hand, den Informationssystemen und natürlich von der Beschäftigungsentwicklung im industriellen Sektor abhängen, ob es gelingt, diesen Boom mit seinen Übersteigerungen und auch räumlichen Verwerfungen in ein gleichmäßigeres nachhaltiges Wachstum zu überführen.

*Blick in nordwestliche
Richtung über den Potsdamer
Platz. Rechts das Weinhaus
Huth an der quer durch das
Bild verlaufenden Linkstraße.
Robert Paris, Oktober 1990*

*Neue Reichskanzlei.*
*Wolfgang Gehrke,*
*Mai/Juni 1949*

# Alfred Kernd'l

# Vom Barock zum Bunker

Berlin ist wieder Hauptstadt und wird Regierungssitz Deutschlands. Ob die Berliner und vor allem die verantwortlichen Politiker der Aufgabe gewachsen sind, wird auch daran gemessen werden, inwieweit Berlin sich über den Wunsch nach Sicherheit von Wirtschaft und Arbeitsplätzen hinaus glaubhaft als historisch bewußte Metropole versteht und beweist. Zum Beispiel beim zukünftigen Umgang mit dem Kraftfeld Potsdamer oder besser: Leipziger Platz von einem Vierteljahrtausend gleichsam berstender Geschichte, die hier nur schlaglichtartig aufblitzen soll.

Vor zweihundertfünfzig Jahren und noch lange danach gab es keinen Potsdamer Platz, sondern eine Potsdamer Tor-Situation als Abschluß des vom Vater Friedrichs des Großen geschaffenen Octogons. Die ursprüngliche Torsituation wurde auch später von einem »Platz« eigentlich nur dem Namen nach abgelöst. Schon Schinkels Vorschlag einer Gestaltung durch Randbepflanzung mit Bäumen ließ sich, wenn überhaupt, nur kurz verwirklichen und scheiterte vor allem am aufkommenden Verkehr bereits des 19. Jahrhunderts, der sich hier aus fünf Richtungen bündelte. Baedekers Reiseführer des späten 19. und frühen 20. Jahrhunderts nennen bezeichnenderweise als Besonderheit des »wenig umfangreichen« Platzes nur den gewaltigen

Verkehr (»Vorsicht beim Überschreiten«) und verbreiten sich lieber über den Leipziger Platz, in den das Octogon nach den Freiheitskriegen umbenannt worden war.

In diesem Beitrag geht es um das geschichtsträchtige Gelände nördlich des Leipziger Platzes, östlich durch die ehemalige Wilhelmstraße, westlich bis vor wenigen Monaten durch die Mauer und nördlich durch Brandenburger Tor und Pariser Platz (ursprünglich Quarré und analog zum Octogon nach den Freiheitskriegen umbenannt) begrenzt. Diese Abgrenzung liegt seit der barocken Entstehungszeit fest. Nicolai formuliert sie knapp in seiner Berlin-Beschreibung Ende des 18. Jahrhunderts: »die Gärten aller oben angezeigten, in der Wilhelmstraße, linker Hand, gelegenen Paläste, bis an die Stadtmauer, zwischen dem Achteck und Viereck«. Nicolais Stadtmauer war die vom Soldatenkönig errichtete Zollmauer, sie sollte auch Fahnenflucht von gepreßten Soldaten der Berliner Garnison verhindern. Nach dem Abriß in der Mitte des vorigen Jahrhunderts erstand sie in dem hier besprochenen Gebiet fast bis auf den Meter genau wieder als Mauer der jüngsten Vergangenheit.

Erschließung und Bebauung des Areals erfolgte im Zuge der Erweiterung der Friedrichstadt von der Mauerstraße in Richtung Westen durch Friedrich

*Eingang zum Bunkerraum.*
*Maria Ulrich, 8. 6. 1990*

*Westwand des Bunkerraumes*
*mit den Fresken.*
*Höhe der Fresken ca. 1 Meter*

Wilhelm I. Die damals entstandene Grundstruktur von Adelspalästen und dahinterliegenden langgestreckten Lustgärten wurde erst nach dem Zweiten Weltkrieg beseitigt. Wo sich im 19. Jahrhundert wichtige Ministerien angesiedelt hatten, wo sich seit 1875 die Reichskanzlei und seit 1918 das Palais des Reichspräsidenten befunden hatten, war die historische Topographie ausgelöscht. Vom Kahlschlag wurden einige der Bunker der Reichskanzlei nicht erfaßt.

Das Deutsche Reich hatte 1875 das ehemalige Schulenburgsche Palais, Wilhelmstraße 77, umbauen lassen, um es als Dienstwohnung des Reichskanzlers zu nutzen. Das Palais war 1739 in Gegenwart Friedrich Wilhelm I. eingeweiht worden. Erster Eigentümer war Graf Adolf Friedrich Schulenburg, kritischer Freund des Kronprinzen Friedrich seit der Küstriner Zeit, vom jungen König ungnädig behandelt (»Ich habe eine Schwadron Schulenburg gesehen, welche die Konfusion selber war«). Der Reiterkommandeur mußte noch bevor er fiel das unglückliche Agieren der Preußischen Kavallerie in der Schlacht von Mollwitz am 10. April 1741 erleben.

Später wohnten hier Friedrichs Brüder Ferdinand und Heinrich, Gräfin Dönhoff, die Geliebte Friedrich Wilhelm II., und Fürst Radziwill. Bismarck residierte hier von 1875 bis zu seiner Entlassung im März 1890 (»Wir wurden wie Hausdiebe auf die Straße gesetzt«). Als »ehrlicher Makler« leitete Bismarck im Reichskanzler-Palais vom 13. Juni bis 3. Juli 1878 den Berliner Kongreß. Schließlich erweiterte Hitler seinen Amtssitz durch Speers Bau der Neuen Reichskanzlei längs der Voßstraße auf dem Grundstück Wilhelmstraße 78, wo einst das Marschallsche Palais gestanden hatte.

Dieses Palais, 1736 von Gerlach für den Staatsminister von Marschall erbaut, verfügte ursprünglich über den größten Garten im hier besprochenen Gebiet. Achim und Bettina von Arnim bezogen nach der Heirat dort ihre erste Wohnung im Gartenhaus, und Bettina schrieb an Goethe: »Ich lebe hier in einem Paradiese. Die Nachtigallen schmettern in den Kastanienbäumen vor meinem Schlaffenster, und der Mond, der nimmer so hell geschienen, weckt mich mit seinen vollen Strahlen.«

Das Palais wurde in den siebziger Jahren des vorigen Jahrhunderts im Zusammenhang mit der Neuanlage der Voßstraße abgerissen. Die Straße, nach dem letzten Eigentümer des Anwesens benannt, liegt übrigens nicht zufällig in der Trasse einer alten Parzellengrenze des Marschallschen Gartens, wie der Vergleich einer heutigen Straßenkarte mit dem Plan von Schmettau zeigt, ein Beispiel für historische Langzeitwirkung selbst einer Teilgrundstücksgrenze.

Mit dem Bau der Neuen Reichskanzlei auf dem Areal des ehemaligen Marschallschen Gartens begann auch die Errichtung eines Bunkersystems, das erst während des Zweiten Weltkriegs fertiggestellt wurde. Von dieser unterirdischen Kommandozentrale sind aufgrund ihrer Robustheit und der sie schützenden Tiefe Teile bis heute erhalten. Sie sind die einzigen in situ überlieferten kompakten authentischen Zeugnisse der Geschichte dieser Stätte. Die den Krieg überlebende aufgehende Bausubstanz von Alter und Neuer Reichskanzlei wurde zunächst von den sowjetischen Siegern als Steinbruch für ihre Ehrenmale benutzt. Den endgültigen Abriß übernahmen dann die Deutschen, die sich in Ost und West nicht darin unterschieden, gern unbequeme steingewordene Vergangenheit zu entsorgen, oft genug mit beflissen eingeholtem Alibiauftrag der Siegermächte. Letztes Beispiel hierfür ist noch im Jahre 1987 der Abriß des Kriegsverbrechergefängnisses in Spandau.

Bekanntlich sind Bunker nur mit großer Mühe zu beseitigen. In mehreren Anläufen dezimierten über Jahrzehnte hinweg Sprengungen den eigentlichen »Führerbunker« der Reichskanzlei. Von ihm exi-

Südwand des Bunkerraumes
mit den Fresken.
Höhe der Fresken ca. 1 Meter
Maria Ulrich, 8. 6. 1990

Ostwand des Bunkerraumes
mit den Fresken.
Höhe der Fresken ca. 1 Meter
Maria Ulrich, 8. 6. 1990

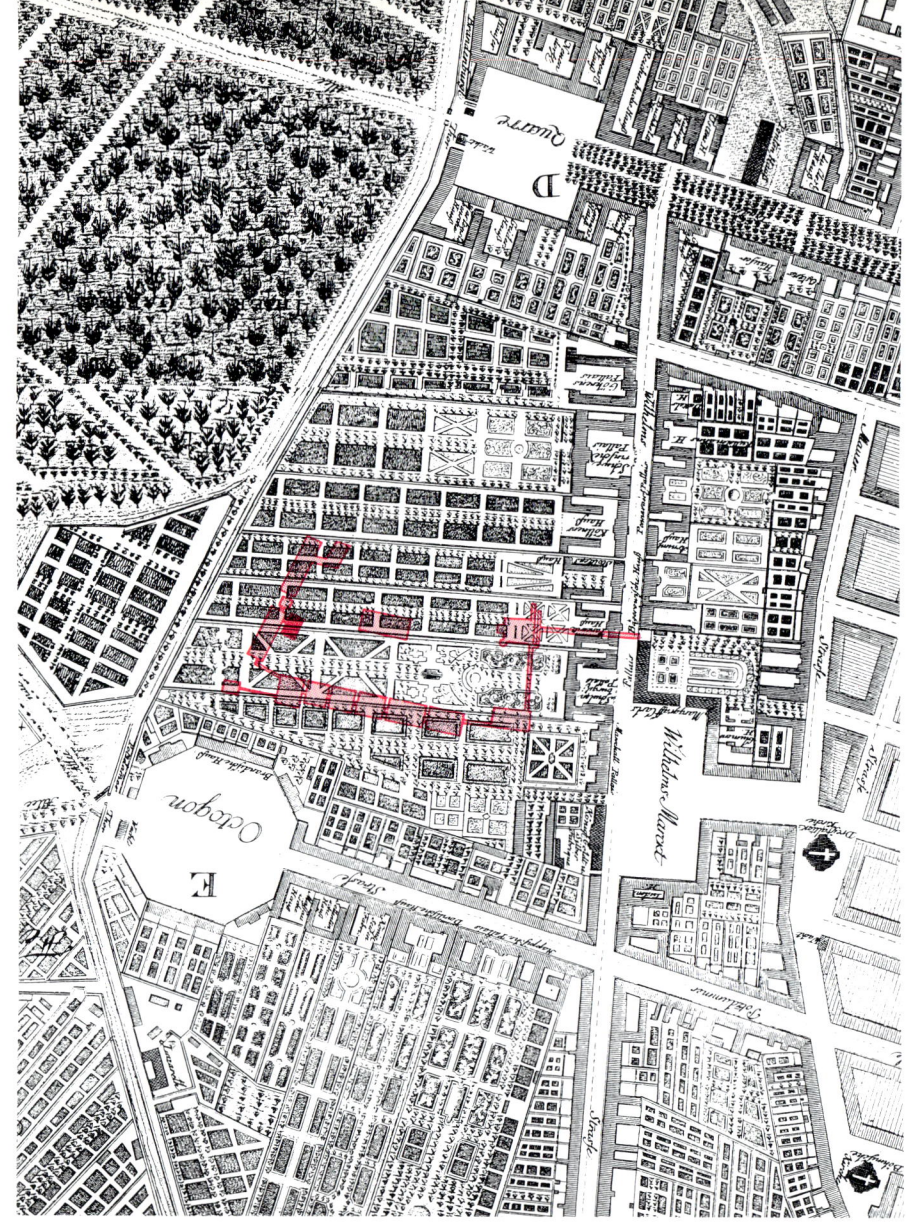

stieren in der Tiefe nur noch die Grundplatte und Reste der Beton-Außenwände.

Intakte andere Anlagen des Bunkersystems blieben letzthin nur erhalten, weil sie unter der Oberfläche liegend das Harmoniebedürfnis deutschen Augenscheins nicht trübten und zudem während der letzten drei Jahrzehnte in paradoxer Weise von Mauer und Todesstreifen geschützt wurden.

Im März 1990 trat die Vergangenheit unerwartet wieder kurz zutage. Ausgerechnet im Zusammenhang mit einer gemütvollen gesamtdeutschen Baumpflanzungsaktion öffnete sich für kurze Zeit unter einem flachen Hügel im ehemaligen Todesstreifen ein provisorischer Zugang zu einigen Bunkern längs der Voßstraße. Eine »Bewältigungs«-Diskussion flackerte auf, die Schlimmes für die Zukunft verhieß. Das konservative Rechtsspektrum, eher geniert, hielt sich bedeckt. Das liberal-progressive Lager tendierte zur Beseitigung dieses »absoluten Unorts«, »monströsen Erbstücks«, »Gruselkabinetts«. Diese Richtung war höchstens bereit, später einmal nur nach eingehender pädagogischer Aufklärung geschlossene Gruppen durch die nationalsozialistische Unterwelt zu führen, um der Gefahr eines »braunen Wallfahrtsortes« zu entgehen. Der Grad der Erregung war hoch, weil die Diskutanten irrtümlich meinten, man sei auf den »Führerbunker« gestoßen, in dem Hitler und Goebbels starben.

Am 6. Juni 1990 meldete sich die Vergangenheit nochmals. Zu den Vorbereitungen des für den 21. Juli auf dem Kahlschlag südlich des Pariser Platzes geplanten Medienspektakels »The Wall« gehörten Munitions-Bergungsarbeiten. Dabei stieß man auf dem Gelände der ehemaligen Reichskanzlei unter einer Erd- und Trümmerschicht unerwartet auf einen Betonbunker. Es handelte sich um eine eingeschossige Anlage von etwa 10 x 30 m Grundfläche mit mehreren Räumen. Vermoderte Etagenbetten, Regalreste, Weinflaschen, Porzellan-Geschirrteile

*Das Bunkersystem der Reichskanzlei maßstabgerecht übertragen auf den Berlin-Plan von Schmettau 1748. Der »Führerbunker« im Nordosten der Anlage. Der Bunker mit den Fresken im Westen (rot).*

*Nach jetzigem Forschungsstand sind außer dem Bunker mit den Fresken nur noch einige längs der Voßstraße erhalten. Schmettaus Plan ist, wie damals oft üblich, Süd-Nord orientiert. Des besseren*

*Verständnisses wegen ist er hier genordet und dadurch gleichsam auf den Kopf gestellt.*

sowie Munition und Waffen überlieferten einen Zustand aus den letzten Tagen des Krieges. Russische Kampftruppen, auf sie weisen Spuren von Flammenwerfer-Einsatz, dürften den Bunker nur kurzfristig betreten haben. Wahrscheinlich war er vor Eintreffen der Roten Armee fluchtartig verlassen worden. Er muß bald nach Ende der Kampfhandlungen durch Verfüllung unzugänglich gemacht worden und dem Vergessen anheimgefallen sein. Das erklärt den guten Erhaltungszustand von Fresken in einem der Räume. Sie zeigen damals gängige und offizielle Wertvorstellungen: SS-Männer, die mit Schilden deutsche Brautpaare und Zecher schützen, Adlersymbole, Eichenlaub und gotisch-deutschtümelnde Initialen für »Leibstandarte Adolf Hitler«. Die Art der Ausführung läßt auf einen Laienkünstler aus der Leibstandarte schließen, die für die Reichskanzlei Wachmannschaften und Fahrer (letzteren war dieser Bunker zugewiesen) stellte.

Da bei den dargestellten Kriegsszenen englische Soldaten, aber keine Themen aus dem Rußland-Feldzug zu erkennen sind, dürften die Malereien um 1940 entstanden sein.

Weil der Bunker bereits nach zwei Tagen wieder zugeschüttet wurde und seine Öffnung relativ geheimgehalten werden konnte, erregte der Befund trotz der Fresken zumindest in Deutschland wenig Aufsehen. Dank des agilen »The Wall«-Produzenten Mick Worwood hatten allerdings einige Korrespondenten englischer Zeitungen Zutritt und berichteten ausführlicher, wobei Mr. Worwood vor einem Fresko abgelichtet wurde. Das war glücklicherweise die einzige Vermarktung für das Pop-Konzert, was angesichts der Zeilen von Pink Floyd: »Sitting in a bunker here behind my wall waiting for the worms to come« erstaunlich ist.

Bismarck äußerte sich traurig und verbittert, weil sein Nachfolger Caprivi »die uralten Bäume vor der Gartenseite seiner, früher meiner, Wohnung hat ab-

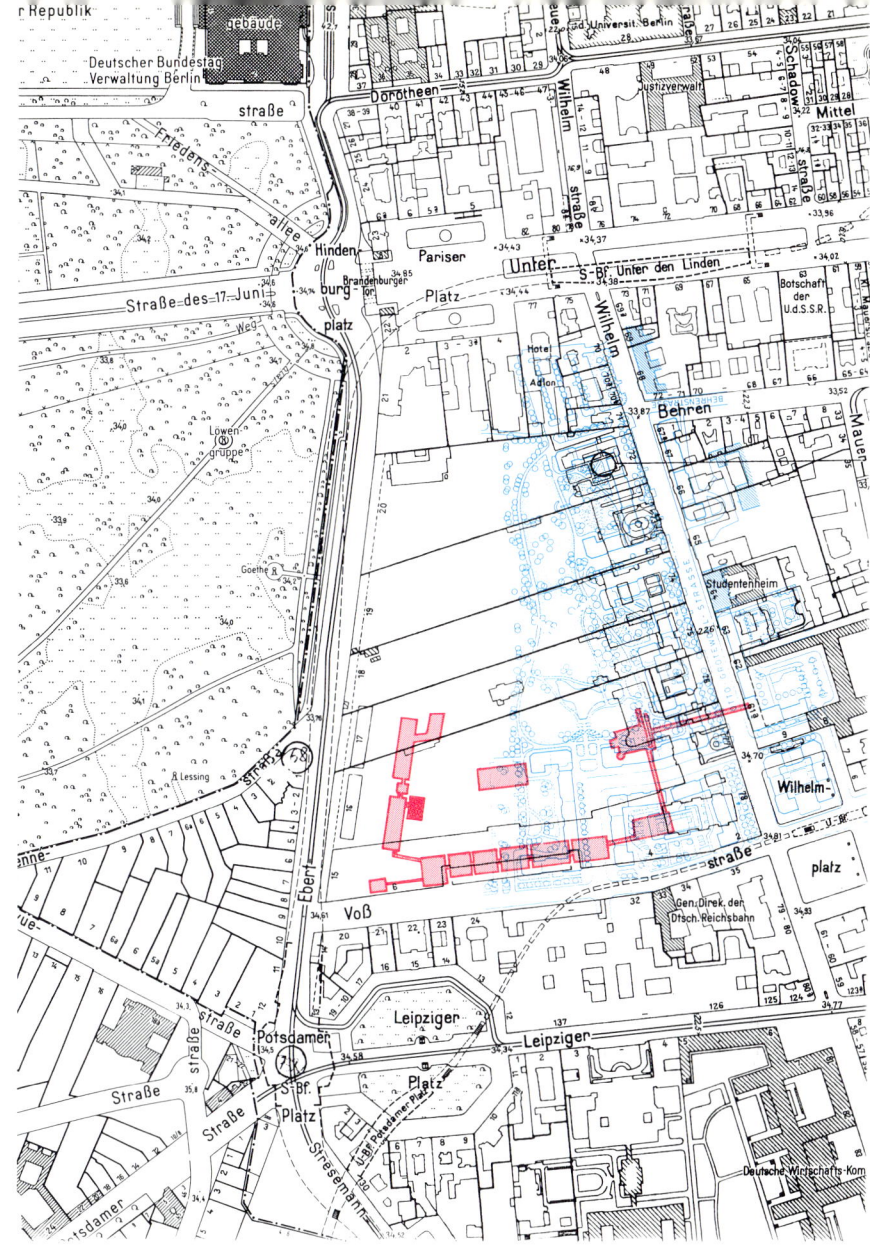

*Kartenausschnitt mit Bebauungsgrenzen vor und nach dem letzten Krieg, Bunkersystem der Reichskanzlei (rot) und der jüngsten Bebauung zwischen Voßstraße, Wilhelmstraße und ehemaliger Mauer (blau). Planentwürfe: Alfred Kernd'l Techn. Ausführung: Verena Croon und Michael Eckerl*

hauen lassen, welche eine erst in Jahrhunderten zu regenerierende, also unersetzbare Zierde der amtlichen Reichsgrundstücke in der Residenz bildeten... Ich würde Herrn von Caprivi manche politische Meinungsverschiedenheit eher nachsehen als die ruchlose Zerstörung uralter Bäume, denen gegenüber er das Recht des Nießbrauchs eines Staatsgrundstücks durch Deterioration desselben mißbraucht hat.« Nicht einmal ein halbes Jahrhundert nach Bismarcks Tod erfuhr dieser Ort Mißbrauch und Zerstörung von einer Größenordnung, die außerhalb der Vorstellungswelt selbst eines Eisernen Kanzlers gelegen haben dürfte, für den bereits der Verlust einiger alter Bäume im Garten der Reichskanzlei nicht mehr gutzumachen war.

Regenerierung von Totalverlust ist nicht möglich, aber wir können noch mit der Authentizität des Ortes wuchern. Es mag schmerzen, aber die Bunker sind hier die einzigen noch sinnlich wahrnehmbaren Fixpunkte der historischen Topographie. Schon allein deswegen müssen sie als begehbare Denkmale in situ erhalten bleiben. Im Zentrum der damaligen Macht belegen die Fresken ebenso treffend wie authentisch das Denken der Prätorianer und ihrer Zeit.

Von den erhaltenen Bunkern ausgehend läßt sich mit Hilfe von Übersichtsplänen eine anschauliche Ortsbeschreibung und historische Erschließung bis ins Barock zurück vermitteln. Markierungen der alten Grenzen von Grundstücken mit den einst berühmten Hausnummern der Wilhelmstraße, besondere Pflasterungen, die den ehemaligen Verlauf von Zollmauer und jüngster Mauer hervorheben, müssen zur Verdeutlichung beitragen. Notwendig ist weiter archäologische Spurensicherung von möglicherweise noch existierenden Kellern und Fundamenten, sowohl zur Erleichterung bei der Festlegung ehemaliger Bebauungsgrenzen als auch für die eventuelle Integrierung von materiellen aussagefähigen Resten in die zukünftige Bebauung.

Die Bauplanung muß ferner berücksichtigen, daß zumindest in einigen Segmenten in geeigneter Weise an die ehemaligen typischen Gartenformen erinnert werden kann.

Bettinas Nachtigallen, Bismarcks Wirken, Hitlers Verbrechen und der Nachkriegsschnitt durch die Stadt müssen an Ort und Stelle in das historische Vorstellungsvermögen und die Nachdenklichkeit einfließen können, nicht im Sinne der billigen gegenseitigen Selbstaufhebung, sondern als Nebeneinander von Höhen und Tiefen unserer Geschichte. Dies Anliegen könnte unterstützt werden, wenn hier wieder die höchste Exekutive unseres Staates im Bereich der jeweiligen ursprünglich zuständigen Grundstücke residieren würde. Eine Voraussetzung hierfür ist historisch bewußte Stadtplanung, die nicht sofort vor jedem kurzatmigen Anspruch von Wirtschaft und Autoverkehr in die Knie geht, sondern sich bemüht, in ihrem Zuständigkeitsbereich Fundamente der Erinnerung zu legen. Sie könnten endlich auch in Deutschland einen in sich ruhenden Patriotismus mit begründen, der ohne Sack und Asche und ohne Hurra-Gebrüll auskommt.

# ANHANG

# INDEX

Archiv für Kunst und Geschichte, Berlin
65, 67

Amerika Gedenkbibliothek
69, 70 unten, 71

Sammlung Hertie
78

Landesarchiv Berlin
68

Landesbildstelle Berlin
74, 96/97, 98 rechts (2), 99, 100, 104 (3), 105 (3), 106

Märkisches Museum
6, 8, 11, 14, 18, 19, 21 (2), 22-27, 29-32, 33 (2), 34-43,
45-47, 48 (3), 49-60, 62-64, 73, 74, 75 (2), 76-79, 80
(2), 81 (2), 82, 83, 85-91, 94 links, 98 links, 102, 103

Sammlung Munzinger
66

Sammlung New York Times
84

Sammlung Paris
72

**Horst Mauter**
Studium der Geschichte an der Humboldt-Universität. Historiker mit Spezialgebiet Berlin. Seit 1958 Abteilungsleiter für Geschichte im Märkischen Museum. Zahlreiche Veröffentlichungen zur Berliner Wirtschafts- und Kulturgeschichte.

**László F. Földényi**
Studium an der Universität von Budapest mit den Schwerpunkten Ästhetik und Kunsttheorie. Arbeit am Institut für Theaterwissenschaften, Budapest. Anschließend tätig als freier Schriftsteller. 1988/89 als Gast des DAAD-Künstlerprogramms in Berlin. 1990/91 erneuter Aufenthalt in Berlin. Diverse Buchpublikationen, auch in deutscher Übersetzung.

**Ulrich Pfeiffer**
Studium der Volkswirtschaft und der politischen Wissenschaften an der Universität München. Ab 1970 im Bundesministerium für Bauwesen, Raumordnung und Städtebau, dort von 1975-1982 Leiter der Abteilung Wohnungswesen. Seitdem freiberuflich tätig, gegenwärtig Inhaber und Geschäftsführer von empirica. Diverse Veröffentlichungen.

**Alfred Kernd'l**
Wissenschaftlicher Direktor am Archäologischen Landesamt Berlin, an dem er seit 1968 tätig ist. Studium der Slawistik, Geschichte sowie der Ur- und Frühgeschichte in Berlin. Ausgrabungen, Ausstellungen und zahlreiche Fachpublikationen, mit besonderem Schwerpunkt Ur- und Frühgeschichte und Friedrich II.